BAD WIESSEE

10 STREIFZÜGE DURCH GESCHICHTE UND KULTUR

KLAUS KRATZSCH

BAD WIESSEE

10 STREIFZÜGE DURCH GESCHICHTE UND KULTUR

VOLK VERLAG MÜNCHEN

Bei den baulichen Anlagen und Objekten, die mit einem * bezeichnet sind, handelt es sich um Denkmäler nach Denkmalschutzgesetz.

Titelmotiv: Altwiessee von Osten mit Steinbrecher- und Hagnhof, dahinter die katholische Pfarrkirche Maria Himmelfahrt. Hintergrund: der Ochsenkamp. Foto: Egbert Krupp

Seite 3: Cello spielender Putto vom inneren Südportal der katholischen Pfarrkirche Maria Himmelfahrt. Foto: Klaus Kratzsch

Die Deutsche Bibliothek verzeichnet diese Publikation in der Deutschen Nationalbibliografie; detaillierte bibliografische Daten sind im Internet über http://dnb.ddb.de abrufbar.

Streitfeldstraße 19, 81673 München
Tel. 089 / 42 07 96 98 - 0, Fax 089 / 42 07 96 98 - 6
www.volkverlag.de

Druck: Kessler, Bobingen

ISBN 978-3-86222-234-6

INHALT

VORWORT

Ein Mönch, dessen Namen wir nicht kennen, nennt in einer Schriftquelle aus dem Jahr 1139 ein Gebiet, eine Siedlung, die er als „westense“ bezeichnet. Der Schreiber gehörte zum Konvent der Benediktinerabtei Tegernsee, die im Jahr 746, nach neuerer Forschung 760, am Ostufer des Sees begründet worden war.

„Westense“ nannte der Mönch das westliche, damals noch kaum besiedelte Ufer und sein Hinterland, auf das er von seinem Kloster aus blicken konnte, als er die bisher älteste bekannte Nennung unseres Wiessee, seit 1922 amtlich Bad Wiessee, „erfand“.

In den historischen Kern von „westense“, jetzt Altwiessee, führt einer der Streifzüge dieses Buches, das eine begehbare Ortsgeschichte bietet: Was man liest, kann man vor Ort überprüfen, und was man sieht, erfährt informative Ergänzung.

In Altwiessee und in den Ortsteilen Abwinkl und Holz wird vor allem die Geschichte der alten Bauernanwesen, der historischen Siedlungsstrukturen und Kulturlandschaft dargestellt, illustriert durch viele Abbildungen.

Einen ganz anderen Charakter trägt die jetzige Ortsmitte, die sich erst seit dem späten 19. Jahrhundert um den Gasthof zur Post entfaltet hat. Hier werden Architekturen des frühen 20. Jahrhunderts, voran das Rathaus, sowie bisher kaum beachtete Fassadenmalereien vorgestellt. Zu dieser Periode der Ortsentwicklung gehört auch die südlich der neuen Mitte auf dem Wasserpoint erbaute, sehr eindrucksvolle katholische Pfarrkirche Maria Himmelfahrt, geweiht 1926, welche bis in die Details gewürdigt wird.

Ein größerer Streifzug führt in das Kurviertel, nördlich der Ortsmitte, das nach Entdeckung einer Jodschwefelquelle 1910 in rasanter Weise Gestalt annahm und eine Wandelhalle, Badeanlagen, Hotels und Fremdenheime sowie zwei weitere Kirchen hervorbrachte. Bis in die 1980er Jahre

nutzten Hunderttausende Kurgäste das heilende Quellwasser, um ihren Atemwegs-, Haut-, Kreislauf-, Arthrose- und Augenleiden entgegenzuwirken.

Nach einschneidenden gesundheitspolitischen Veränderungen war um 1990 ein großer Rückgang der Gästezahlen zu verzeichnen. Nach umfangreichen Voruntersuchungen sah sich die Gemeinde Bad Wiessee deswegen veranlasst, für einen neuen, weniger an die Leistungen von Krankenkassen gebundenen Typ Bade- und Kurgast neue Bade-, Hotel- und Behandlungsanlagen unter Einbezug historischer Teile, wie der unter Denkmalschutz stehenden Wandelhalle, zu errichten.

Damit wird der wachsenden Bedeutung des neuen „Gesundheitstourismus" und dem höheren Anspruch des Patienten und Gastes an die balneologische und medizinische Technik sowie auch an die Gestaltung seines Aufenthalts im Ort entsprochen. Dieses Buch will nicht zuletzt dieser Gestaltung dienen! Weitsichtig, auf hohe Qualität der Architektur bedacht, wurde der international renommierte Mailänder Architekt Matteo Thun mit den Entwurfsarbeiten beauftragt, die als Visualisierungen vorgestellt werden.

Wer schließlich den ausgedehnten Seeuferspaziergang von der Ortsmitte bis zum Grundnerhof im Norden, einschließlich des Rückwegs an den Rändern der Rohbogner Golfwiesen absolviert hat, wer zum Sonnenbichl und zum Freihaus, kleinen „Vorbergen" direkt über dem Ort, aufgestiegen ist und wer die „gestandene" Bergwanderung zur Neuhüttenalm auf 1.328 Metern Höhe (mit drei Rückkehr-Varianten) bewältigt hat, kennt so ziemlich das gesamte Gemeindegebiet. Naturbilder in zwei Bergbachtälern, Bergwiesen und alpine Fernblicke werden auf dieser Wanderung reichlich geboten. Mit Ausnahme dieses Streifzugs kann man alle anderen Touren auch im Winter begehen. Mancher Tegernsee-Kenner wird den einst so berühmten „Bauer in der Au" vermissen, dieses geradezu musterhafte, 61 Meter lange, oberbayerische Bauernhaus aus dem 18. Jahrhundert, das 1971 abgebrannt ist. König Max I. Joseph von Bayern hatte 1825 diesen wundervoll in einer großen Waldlichtung liegenden Bau zusammen mit dem 1803 aufgelösten Kloster Tegernsee, dem Gut Kaltenbrunn b. Gmund und der Königs- und der Geißalm im Kreuther Tal erworben. Alle Anlagen hatten – mit Ausnahme des Klosterschlosses – seinem großen Interesse an der Viehzucht gedient. Beim „Bauer in der Au" kehrten Gäste des Königs und weiterer Wittelsbacher, Einheimische und Touristen, Jäger und Almleute ein; auch in der Hütte, die nach 1974 entstand, war dies bis zum letzten Besitzwechsel noch möglich, und es besteht die Hoffnung, dass der Wanderer auch in Zukunft wieder als Gast willkommen ist.

Zum Schluss: Wem zehn Streifzüge zu wenig sind, der wandere zu den beiden Bucher Höfen Großbuch und Kleinbuch hinauf, zwei sehr alten Anwesen auf halbem Weg zum „Bauer in der Au" (Bucherstraße, im Südwesten des Orts). Auch das Breitenbachtal im Westen des Kurviertels, beginnend im Jägerwinkel, kann empfohlen werden, eventuell verbunden mit einem Aufstieg nördlich zur Holzer Alm (1.212 Meter) mit großem Fernblick auf den See und den Ort. Das Tal ist das dritte der Wiesseer Gebirgsgewässer. Es bietet ebenso wie das Zeisel- und das Söllbachtal nicht nur romantische Naturbilder, sondern befördert wie ein Gebläse reine Bergluft in den Ort, verhilft zu einem günstigen Klima.

Bei den Streifzügen 6, 9, 10 wird auf eventuelle Inanspruchnahme des „Oberbayernbus" verwiesen. Auskünfte zu Haltestellen und Abfahrtszeiten sowie Ortspläne gibt es unter anderem bei der Tegernsee-Tourismus am Lindenplatz.

1. STREIFZUG (1,6 KILOMETER)

DIE ORTSMITTE

Im Jahr 1803 zählte man auf dem Wiesseer Gemeindegebiet – zwischen Holz im Norden und Abwinkl im Süden – 51 nummerierte Anwesen. Ausnahmslos waren dies größere oder kleinere bäuerliche Güter. In einigen wurde zusätzlich ein Handwerk betrieben, wie das des Zimmermanns oder des Schmieds.

Nur vier dieser Anwesen lagen verstreut im heutigen Ortszentrum um den Lindenplatz und dem sich südlich anschließenden Teil der Sanktjohanserstraße, die meisten dagegen in Altwiessee, Abwinkl und Holz, wo auch noch heute bäuerlich geprägte Vergangenheit und Gegenwart erlebbar sind.

Als Geburtsstunde der neuen Ortsmitte, deren Flur bis weit in das 19. Jahrhundert unter dem Namen „Am Bach“ bekannt war, kann man das Jahr 1864 benennen, als der Neubau des Gasthofs zur Post, Lindenplatz 7, eröffnet wurde. Diesem stattlichen, an der Durchgangsstraße, der

heutigen Bundesstraße 318, gelegenen, bis zur Gegenwart sein Umfeld beherrschenden Bau ordneten sich schon vor 1900 weitere Gebäude mit zentralen Funktionen und Dienstleistungen zu, wie das erste Schulhaus von 1889 (Sanktjohanserstraße 9), die Bäckerei Hauser von 1888 (Lindenplatz 8) und die Konditorei „Königslinde" (Lindenplatz 3). Allerdings zeigt eine Ansichtskarte der „Post" aus dem Jahr 1912 im nächsten Umgriff des Gebäudes schmale Fahrwege ohne Pflaster oder Asphalt, einen Weidezaun und ein Wegkruzifix – also ein noch recht dörfliches Ambiente.

Vornehmlich am Ostufer, nicht auf der Wiesseer Seite, florierte der Tegernseer Fremdenverkehr im 19. Jahrhundert. Als Sehenswürdigkeiten galten dort nicht allein die Schönheiten des Seeufers und der nahen Berge, sondern seit 1817 auch die königliche Sommerresidenz im ehemaligen Kloster, die das Publikum anzog.

Nachdem aber in Wiessee am 27. Mai 1909 eine Heilquelle erbohrt wurde, eine Jodschwefelquelle, die aus 703 Metern Tiefe empor sprudelte,

← Urkatasterblatt um 1810, Bereich „Am Bach" (Zeiselbach): Kolbenheiß (Fl.Nr. 14), Hackermann („Post", 15), Pfeiffergütl (10), Scheurer (12)

↑ Wiessee, Gasthof zur Post, Lindenplatz 7 (Ansichtskarte 1912)

und nachdem 1912 ein erstes Badehaus und danach weitere Kur- und Badeeinrichtungen in Betrieb genommen werden konnten, entstand in den 1920er und 1930er Jahren zügig ein ausgedehntes Kurviertel nördlich des Lindenplatzes, nun auch mit Hotels, Pensionen und Landhäusern (siehe Streifzug 4).

Am Platz selbst, der sich zum Verkehrsmittelpunkt von Bad Wiessee – so der amtliche Ortsname seit 1922 – entwickelte, verdichtete sich gleichzeitig die Bebauung, welche auch weiter nach Süden über den Zeiselbach hinweg in die Sanktjohanserstraße ausgriff, wo 1930/31 ein repräsentatives Rathaus entstand (Sanktjohanserstraße 12). In seiner Nachbarschaft wurden 1927 das bemerkenswerte (alte) Postamt (Nr.14) und 1935 die neue Schulanlage (Nr. 36) errichtet.

In diese stürmische Entwicklungsphase von Bad Wiessee gehören auch die Vollendung der katholischen Pfarrkirche Maria Himmelfahrt im Jahr 1926 und in der Folgezeit der Bau des (alten) Pfarrhauses sowie die Gestaltung des Bergfriedhofs. Diese Anlagen auf dem „Wasserpoint" befinden sich ein gutes Stück südlich der neuen Ortsmitte und eher den Ortsteilen Altwiessee und Abwinkl zugewandt, deren alteingesessene Familien den Kirchenbau bereits seit 1904 betrieben hatten (siehe Streifzug 3).

Streifzug 1 beginnt beim Rathaus, führt nördlich zum Lindenplatz, der umrundet wird, und dann östlich zur Seepromenade. Hier geht es am Ufer südlich weiter bis zur Abzweigung Löblweg, auf diesem westlich zur Sanktjohanserstraße und nördlich zurück zum Rathaus. (Altwiessee, in erhöhter Lage südlich des Löblweges gelegen, gilt ein eigener Besuch, siehe Streifzug 2).

↑ **Lindenplatz mit Bäckerei Hauser, Lindenplatz 8 (links) und mit Nordseite Gasthaus Post, Lindenplatz 7 (rechts)**

→ **Rathaus, Sanktjohanserstraße 12, Giebelfront (links) und Südseite (rechts)**

Die Vorhalle des ***RATHAUSES**, Sanktjohanserstraße 12, durch zwei offene Spitzbogen-Arkaden zur etwas tiefer liegenden Straße geöffnet, bietet eine lange Warte- und Ruhebank sowie touristische Informationen aller Art und ist idealer Ausgangspunkt für die erste Tour. 1930/31 wurde das Rathaus nach Plänen des Münchner Architekten Hermann Lang (nachgewiesen 1913 in Partenkirchen bis 1937 in Bad Wiessee) erbaut. Treibende Kraft war der langjährige, verdienstvolle Bürgermeister Leonhard Sanktjohanser (amtiert 1919 – 1933 und 1945 – 1948), der auch die örtliche Bäckerei betrieb.

Die mit ihrer Giebelfront ostwärts zur Straße gerichtete zweigeschossige Anlage, in die man Teile des Gemeindehauses von 1908 einbezog, wurde 1979/80 profilgleich nach Westen verlängert.

Hermann Lang, der sein Architekturstudium in Darmstadt und München absolviert hatte, war mehrfach in Bad Wiessee tätig. Bei seinen Entwurfsarbeiten bevorzugte er traditionelle regionale, „alpenländische" Bauformen wie das flach geneigte Satteldach mit weiten seitlichen Überständen, darüber hinaus Erker, Lauben und Balkons. Doch gemäß dem Architekturstil seiner Zeit versachlichte er die Detailgestaltungen. Die Freude der vorangegangenen Generation an üppiger Formenvielfalt und historischem Ornament war ihm fremd. Umso mehr schätzte er geometrische Formen. Beobachten läßt sich dies zum Beispiel an den Eingangstüren der Ost- und Nordseite mit ihren Aufdoppelungen und geschmiedeten Beschlägen und bei den Fenstergittern und Lampen am Außenbau. Zu Langs versachlichtem „Heimatstil" gehören auch einheimische Materialien wie Kalkbruchstein, den er für den Treppenaufgang und das Pflaster der Vorhalle verwendete sowie Rotmarmor für die Fenstergewände. Ein weiteres Kennzeichen ist die sorgfältige handwerkliche Ausführung aller Details.

Lang hat bei anderen Bauaufgaben in Partenkirchen Schönheit und Bedeutung der Fassadenmalerei, dieses besonderen Schmucks des Hauses

im Alpenraum, zu schätzen gelernt und mindestens fünf seiner Wiesseer Bauten damit bereichern lassen. Im Giebeldreieck unter dem Vordach der Fassade des Rathauses bot sich die geeignete, auch wettergeschützte Fläche dafür an, die der Kunstmaler Joseph Bachmair (1900 – 1944), aus der alten Weißacher Hoteliersfamilie stammend, 1931 gestaltete. Dargestellt sind eine Frau an einer Quelle, gemeint wohl eine der örtlichen, neu entdeckten Heilquellen, dahinter die neu erbaute Wiesseer Pfarrkirche, weiterhin ein Fahnenschwinger vor dem Tegernseer Kloster, ein bäuerliches Paar und ein Holzknecht mit Tieren.

Die kassettiert bemalten Untersichten der Vordächer folgen Vorbildern aus dem 19. Jahrhundert, der Dachreiter mit Schlaguhr und Zwiebelhaube gilt als herkömmliches Rathausattribut. Beachtenswert und charakteristisch für Lang ist an der Nordseite des Gebäudes die aus der Wandflucht vorgreifende Gewölbekappe, die den Nebeneingang schützend überfängt und einen Dreieckserker trägt, dessen Fenster das dahinter liegende Treppenhaus belichten. Auf der gegenüberliegenden Südseite wird ein massiver Balkon von drei ebenfalls auskragenden Gewölbekappen getragen, er mündet westlich in den Erker des ehemaligen Bürgermeisterzimmers, jetzt Vorzimmer, ein.

Das Innere des Gebäudes, vor allem der Eingang und das Treppenhaus, darüber hinaus viele Details, sind seit der Fertigstellung 1931 gut erhalten. Die Mittelgänge der beiden Hauptgeschosse, zu deren Seiten die Dienstzimmer liegen, wurden bei der Bauerweiterung 1979/80 geradlinig weitergeführt, der obere erschließt den damals neu geschaffenen

↑ Rathaus, Wandgemälde an der Giebelfront (links) und Treppenhaus Erdgeschoss (rechts)

→ Oben: Scheurerhof, Sanktjohanserstraße 15 (links) und Stalltür mit Auszeichnungen (rechts)
Unten: Kramerhaus, Sanktjohanserstraße 11 und Blick zum Lindenplatz

größeren Ratssaal. Der alte Saal von 1931, von außen am Dreifachfenster der Südfront erkennbar, dient seitdem als Bürgermeister-Dienstzimmer.

Eine bäuerlich-ländliche Insel im modernen Zentrum der Gemeinde, östlich gegenüber dem Rathaus gelegen, ist der nach wie vor bewirtschaftete **SCHEURERHOF**, Sanktjohanserstraße 15. Der große, weit ausgebreitete Wiesenplan südwärts bis zum Löblweg gehört zu seinem „Reich". Das stattliche, nach Süden gerichtete Bauernhaus ist ein später, laut Bautafel über der Haustür von Michael und Elisabeth Hatzl 1895 errichteter Vertreter des üblichen Einfirsthof-Typs, der im Gegensatz zu den älteren, ganz oder teilweise in Holzblockkonstruktion erbauten Bauernhäusern der Region gemauert und verputzt ist. Auch die größeren Raumhöhen, das Halbgeschoss unter dem Dach (Mezzanin), die Putzgliederungen und die Doppelflügel-Haustür mit Vortreppe sind charakteristisch.

Nördlich des „Scheurer" quert man den Zeiselbach, der in der Vergangenheit zuweilen als wildes Berggewässer gefürchtet war, nun aber in ein

ausgemauertes Bett gezwungen ist. Hier stößt man auf einen weiteren interessanten Bau von Hermann Lang aus dem Jahr 1933, ein für Georg Schubert erbautes Geschäftshaus („**KRAMERHAUS**"), Sanktjohanserstraße 11. Die erkerartigen Vorbauten an der Südseite und die Gruppenfenster mit feingliedriger Sprossung entsprechen seiner besonderen „Handschrift". (Die Erdgeschossarkaden wurden nachträglich eingebrochen.)

Auf derselben Straßenseite liegt das **ERSTE SCHULHAUS** der Gemeinde, erbaut 1899, Sanktjohanserstraße 9, jetzt Wohnhaus und Restaurant. Eine Beschreibung aus dem Baujahr nennt neben dem Schulzimmer und der Lehrerwohnung auch ein Waschhaus, die Holzlege, den Schulhof und einen Schulgarten.

Gegenüber, auf der Westseite der Straße, behauptet sich das schon 1566 als Zimmermannsanwesen genannte Haus **„BEIM KOLBENHEISS"**, Sankt-

johanserstraße 2 das einzige erhaltene der vier alten Häuser, die bis weit in das 19. Jahrhundert um den späteren Lindenplatz locker verstreut standen.

Der niedrige alte, wie üblich nach Osten gerichtete Wohnteil weist noch ein Obergeschoss in Holzblockkonstruktion auf, wie dies vor dem frühen 19. Jahrhundert die Regel war; seine Balkenwände sind mit Brettern verschalt. Die Balkenköpfe, welche die umlaufende Laube tragen, können nach ihrer Form dem 17., wenn nicht sogar dem 16. Jahrhundert, zugeordnet werden. Das Erdgeschoss, ein Ladengeschäft, ist leider völlig verändert, der ehemalige Wirtschaftsteil an der Westseite seit Langem umgebaut und erweitert.

Eine historische Fotografie der Zeit um 1890 zeigt den Wohnteil des Hauses mit dem durch Steine beschwerten Legschindeldach, eine weitere von etwa 1920/30 die noch unverfälschte Ansicht des Erdgeschosses.

Die schon genannte, 1866 erbaute ***POST** („Hotel-Gasthof zur Post"), Lindenplatz 7, gehört zu den eindrucksvollsten Baudenkmälern der Gemeinde. Ein früherer Vorgänger, das Klosterlehen „Zum Hacken", wird schon 1519 in Tegernseer Klosterurkunden aufgeführt. Später wird es „Beim Hackermann" genannt, was soviel bedeutet wie „Beim Zimmermann".

1811, kurz nach Aufhebung der Klosterherrschaft, übernahm Gregor Kanzler, Bauernsohn und Zimmermann von Waakirchen, das Anwesen, nachdem er die Tochter des Hauses geheiratet hatte. Sein Sohn Gregor jun.

← **Kolbenheiß-Anwesen, Sanktjohanserstraße 2, derzeitiger Zustand (oben links), Balkenvorköpfe am Obergeschoss, 17. Jahrhundert (oben rechts) und Aufnahme um 1920/30 (unten)**

↑ **Gasthaus zur Post, Lindenplatz 7, Haupteingang (links) und Giebelfront (rechts)**

konnte nach dem Tod des Vaters 1841 eine Konzession für einen Bierausschank erlangen und firmierte fortan als „Wirt zum Hackermann“. Er dürfte ein recht wohlhabender Mann gewesen sein, denn er ist der Bauherr des sehr stattlichen, von dem Reichersbeurer Zimmermeister Johann Karpfseer errichteten zweieinhalbgeschossigen Hauses, das sich über eine Breite von fünf Fensterachsen an der östlichen Hauptfront und von zehn Achsen in die Tiefe ausdehnt. Die nach Westen folgenden ehemaligen Wirtschaftsräume, Ställe usw. wurden im 20. Jahrhundert zum Hotel ausgebaut (letzte Erneuerung 1990). Der Hauptteil des Baus mit den Gaststuben wird über die Giebelfront im Osten erschlossen. Einer doppelläufigen Treppe folgt die doppelflügelige Haustür, die mit ihren geschnitzten neugotischen Füllungsfeldern noch der Bauzeit angehört. Der Verputz des gemauerten Baus zeigt glatte, weiß gehaltene Ecklisenen und waagerechte Bänder, die wirkungsvoll gegen Rauhputzflächen im Gelbockerton gesetzt sind. Ein dritter bestimmender Farbton ist das Moosgrün der Fensterklappläden, Balkons und Dachüberstände.

Die Pfettenköpfe am Vordach der Giebelfront enden in Gestalt von Drachenköpfen, uralten Abwehrzeichen, die vor Feuer und Seuchen schützen sollen, begleitet von geschnitzten Ornamenten. Die Dachuntersichten sind als Kassetten gestaltet. Die beiden Giebelbalkons weisen die typischen nachbarocken dünnen Balusterbrüstungen auf, begleitet von ausgesägten Ornamentbändern und Bordüren. Die aufgemalten Rokokobekrönungen über den Fenstern sind neuere Zutaten, die nicht zur authentischen Außenerscheinung gehören.

Spätere Eigentümer bzw. Wirte bauten die „Post“ weiter aus. Ein erfolgreicher Hotelier und Metzger war Johann Steinberger, der das Unter-

↑ Gasthaus zur Post, Postsaalbau, Giebel mit Wandgemälde

→ Gasthaus zur Post, Dachüberstand der Giebelfront

nehmen im Jahr 1900 für 135.000 Mark übernahm. Nach der entsprechenden Aufstellung im Kataster von 1901 gehörten dazu das Wohn- und Gasthaus mit Stall und Stadel (Heuboden), Schlachthaus, Fremdenstall, Eiskeller, Backofen, Waschhaus mit Badezimmer, Wagenremise und Holzschupfe, darüber hinaus ein weiteres Wohnhaus mit Schmiede. Unter Steinberger wurde im Jahr 1901 auch eine Postagentur im Hause eröffnet. Eine Wiesseer Berühmtheit von 1940 bis 1964 war die Pächterin Resi Staudinger, genannt Resi von der Post. Im Giebelfeld des Postsaalbaus von 1903, südlich nebenan, erscheint sie gemalt zwischen zwei Buben in Postillionuniform.

Im Inneren des Hauptgebäudes, links vom Mittelflur, liegt das Bierstüberl, dessen gediegene hand- und kunsthandwerkliche Ausgestaltung und Ausstattung der 1950er Jahre heute bereits Denkmalcharakter besitzt. Hervorzuheben sind die geschmiedeten Radleuchter, die Posthorn-Lampe, die drei Keramik-Wandlampen von 1952 aus der Rottacher Ulbricht-Werkstatt und die kleinen in die Fenster eingesetzten Glasgemälde.

Seit dem späten 19. Jahrhundert besteht am Lindenplatz 8 die **BÄCKEREI ALOIS HAUSER**, ehemals Sanktjohanser. Das lang gestreckte Haus, nördlich neben der „Post" gelegen, ist vom Lindenplatz, dem es seinen Giebel zuwendet, etwas zurückgesetzt.

Der zweieinhalbgeschossige Bau wurde 1888 errichtet und Ende der 1920er Jahre von Hermann Lang, dem Architekten des Rathauses, an den Ecken des Ladenbereichs um zwei Steherker bereichert; auch die Ladentür und der Ausleger (Ladenschild) tragen die Handschrift Langs.

↑ Gasthaus zur Post, Bierstüberl (links) und Glasgemälde im Bierstüberl (rechts)

→ Bäckerei Hauser, Lindenplatz 8

Schon 1922 hatte der Münchner akademische Maler Karl Maria Lechner (1890 – 1974), ein spezieller Theatermaler, dem Haus mit umfangreichen Fassadenmalereien eine besondere Aufwertung verliehen. Auftraggeber war der Bäckermeister Leonhard Sanktjohanser, der auch das Bürgermeisteramt bis 1933 bekleidete. Dem Maler, der zu jener Zeit ohne ausreichendes Einkommen war, gewährte er monatelang Kost und Logis für seine künstlerischen Leistungen.

Im Giebeldreieck, unter dem Vordach der Ostfassade, stellte Lechner links vom Giebelbalkon eine Fronleichnamsprozession mit dem vorausschreitenden, die Monstranz erhebenden Priester sowie nachfolgenden Gläubigen in Tracht dar, rechts eine fröhliche Brotzeit der Trachtler, wohl nach der Prozession im Freien. Gemeinsames, nicht sofort erkennbares Thema dieser Szenen, die sich vor einheimischer Landschaft entfalten, ist das Brot, links als Hostie und Speise für die Seele, rechts zur Stillung diesseitiger Bedürfnisse.

In der Mitte der Fassade treten zwei Bäckerburschen in der herkömmlichen Berufskleidung auf, welche Erzeugnisse der Backkunst, Osterbrot der eine, Weihnachtsgebäck der andere, präsentieren.

Lechner bemalte auch die langen, streifenartigen Flächen unmittelbar unter den Dachüberständen der Längsseiten. An der Nordseite sind

Bäckerei Hauser, Wandmalerei der Giebelfront (oben), Joseph zwischen Getreidegarben (Mitte) und Ruth sammelt Ähren auf Boas Acker (unten, Altes Testament, Buch Ruth)

fünf Szenen aus dem alten Testament veranschaulicht. Auch hier sind Getreide und Brot ein bevorzugtes Thema. Zu erkennen sind ganz links das Opfer des Priesterkönigs Melchisedek und die Segnung Abrahams, danach Josef als zentrale Figur beim Pharao, mit seinen Getreide kaufenden Brüdern. Es folgt Moses, der Wasser aus dem Felsen schlägt und – im nächsten Bild – die Weihe von Aaron und seinen Söhnen zum Priesterdienst (nach 2. Mose, 28 und 29), danach Ruth, welche Getreideähren aufklaubt, und der fliehende Elias, dem Gott durch einen Vogel ein Brot zukommen lässt.

Figuren, Landschaften, ägyptische Paläste und Pyramiden werden von Lechner meist nur mit wenigen Pinselstrichen dargestellt. Seine Nähe zum Expressionismus ist unverkennbar. Typisch sind auch seine dunkeltonigen Farben. Auch bei den schwer erkennbaren Malereien unter dem Vordach der Südseite haben Lechner und sein Auftraggeber Geschichten ausgewählt, in denen Brot und Getreide nicht fehlen dürfen, wie im letzten Abendmahl Christi und im Gleichnis vom Sämann. Die Brotgeschenke von Hirten an das neugeborene Christkind im Weihnachtsbild sind allerdings nicht durch die Bibel belegt. Nochmals zur Nordseite des Hauses zurückgekehrt, findet man am ersten Obergeschoss gemalte Brustbilder der Patrone der Familie Sanktjohanser im Strahlenkranz, voran der heilige Leonhard, Beschützer des Hausherren, danach Margareta, Nikolaus und Anna mit der jungen Maria.

Die **GRÜNANLAGE**, östlich vor dem Hauser-Anwesen, wurde 2016 neu gestaltet. Die Bronzefiguren, ein Wünschelrutengänger und ein Kinderpaar, das ihn bei seiner Aufgabe beobachtet, sind Arbeiten des Gmunder Bildhauers Quirin Roth (geb. 1943), eines Schülers von Hans Wimmer. Das Ensemble erinnert an die Erneuerung der örtlichen Wasserversorgung in den 1930er Jahren. Am Rand der Anlage, nahe der „Post“, befindet sich auch eine Nachbildung des alten Kruzifixus, der seit dem 19. Jahrhundert am Lindenplatz nachgewiesen ist.

Jenseits der Freihausstraße, die nördlich des Brunnens in den Platz einmündet, folgt ein Neubau von 2017, der das **HAUS URSULA**, Lindenplatz 9, ein stark veränderter Bau der 1930er Jahre, ersetzt. Liebhaber von Fassadenmalereien begeben sich etwa 50 Meter weiter zum **HAUS RHEINLAND**, Münchner Straße 5 , an dessen Nordseite eine Wandmalerei von monumentalen Ausmaßen die Weinlese an den Hängen des Rheintals zum Thema hat. Der mit kräftigen Farben arbeitende Kunstmaler E. Schoch hat auch an der östlichen Giebelseite dieses im oberbayerischen Landhausstil 1931 erbauten Hotels zwei bacchantische Gestalten geschaffen.

Zurück zum Lindenplatz, zu der vielgestaltigen, malerischen Baugruppe Lindenplatz 10, Münchner Straße 2, Adrian-Stoop-Straße 3, welche die dreieckige Fläche zwischen zwei Straßenzügen ausfüllt, die im spitzen Winkel nach Norden ausstrahlen. Die Südansicht dieses Komplexes, der nach allen vier Himmelsrichtungen Fassaden ausbildet, verleiht dem Platz eine einprägsame, optisch wirkungsvolle Begrenzung, sie gehört zum **HAUS FISCHL**, Lindenplatz 10, 1927 von Hermann Lang über älterem baulichen Bestand als Bezirkssparkasse ausgebaut, jetzt u.a. Bäckereifiliale. Die Giebelfront des Hauses mit dem traditionellen Flachsatteldach mit Überstand springt an der Westseite in zwei Schritten zurück. Doch das über diese Westteile „geschleppte" Dach, darüber hinaus die dunkelgrün gefassten hölzernen Lauben (Balkons) vor den kalkweißen Putzflächen, die auch die östliche Traufseite auszeichnen, machen die Einheit dieses interessanten Lang'schen Baus anschaulich, der allerdings im Erdgeschoss erheblich verändert wurde. Zu den besonderen Qualitäten des Fischlhauses

gehört auch das große Christophorus-Fresko des Kunstmalers Jakob Fellner (1892 – 1957), eines Oberösterreichers, der nach Stationen in Wien, Düsseldorf, Berlin einen letzten Lebensmittelpunkt am Tegernsee fand. Der Heilige erscheint nach alter Bildtradition in Riesengestalt, wofür man eine große Fläche in der Südfront freigab. Ein weiteres Wandbild des gleichen Malers mit Darstellung der sitzenden heiligen Rosalia, welche sich einer Vision hingibt, schmückt den zurückgesetzten Fassadenteil.

Die Ostseite der Baugruppe ist zur Adrian-Stoop-Straße gerichtet, jetzt Fußgängerbereich, benannt nach dem niederländischen Ingenieur, der 1909 die Wiesseer Jodschwefelquelle entdeckte.

Auf die Traufseite des Fischlhauses folgt die östliche Giebelfront des **RIXNERHAUSES**, Adrian-Stoop-Straße 3, zwischengeschaltet ist ein kleiner Verbindungsbau. Das Haus, mit Ansichten auch von Norden und Westen, entstand 1937, Architekt war wiederum Hermann Lang. Von architekturgeschichtlichem Interesse sind die Erker an der Nordseite und die Brüstungen der Lauben mit ungewöhnlichen, waagerechten, wellenförmig geschnittenen Holzbohlen.

Das Giebeldreieck unter dem Vordach des Ostgiebels zeigt eine Gruppe von fünf Personen, links ein Afrikaner und eine Afrikanerin, weitgehend unbekleidet, die Produkte ihres Kontinents, verpackt in Ballen und abgefüllt in eine Amphore, herbeibringend, rechts drei Männer, offensichtlich Europäer, die diese Waren entgegennehmen, zwei von

← **Fischlhaus, Lindenplatz 10, Westseite**

↑ **Rixnerhaus, Lindenplatz 5, Wandgemälde im Giebelfeld**

ihnen als Packer, der sitzende mit Schreibzeug als Buchhalter, Kaufmann oder Importeur zu identifizieren. Signatur und Datierung des Wandgemäldes nennen Heinrich Bickel (1897 – 1965) und das Jahr 1937. Der Auftraggeber war der Kaufmann Max Rixner, Bauherr des Hauses, in dem er ein „Kolonialwarengeschäft“ führte.

Bickel gelang es, diesen besonderen Charakter von Rixners leider nicht mehr bestehendem Geschäft auf originelle und künstlerisch anspruchsvolle Weise zu vermitteln. Der gelernte Dekorationsmaler hatte sich auf Reisen in Italien und Spanien künstlerisch gebildet und im Werdenfelser Land und Oberammergau die barocke kirchliche Deckenmalerei sowie noch mehr die Wandmalerei an profanen Fassaden studiert. Er war Autodidakt und lebte seit den 1920er Jahren in Garmisch, wo er auf Hermann Lang traf, der ihm wenigstens zwei Aufträge am Tegernsee vermittelt haben dürfte (siehe auch Sanktjohanserstraße 20). Aus seinem großen Werk, dem man auch in Miesbach, München, Dresden, Berlin und Südtirol begegnen kann, tritt das Rixner-Wandbild besonders hervor, weil es neben seinem künstlerischen Rang – hinsichtlich Komposition, Malstil und Farbigkeit – den zeitgenössischen Welthandel zum Thema hat. Am Westgiebel des quer zum Fischlhaus gerichteten Rixnerhauses ist ein weiteres, künstlerisch allerdings nicht mit Bickel vergleichbares Wandgemälde vorhanden, das zwei Holzknechte bei der Brotzeit darstellt.

Das **HOTEL „SEEGARTEN“**, Adrian-Stoop-Straße 4, östlich gegenüber dem Rixnerhaus bereits 1930/31 von Architekt Hermann Lang für die Fami-

lie Schlatter erbaut, wurde 1980 im Inneren wie auch am Außenbau weitgehend umgestaltet. Im Giebelfeld des zum See zeigenden Westgiebels hat sich jedoch ein Wandgemälde aus der Bauzeit erhalten, das in der Mitte die Taufe Christi im Jordan durch Johannes, links davon zwei bereitstehende, Trockentuch und Gewand haltende Engel und rechts eine sehr diesseitige, nach einem Bad im Freien sich ankleidende Personengruppe zeigt. Unter dem Segen Gottvaters vollziehen sich diese Geschehnisse am Jordan wie am Tegernsee, in dessen Wasser die rechte Gruppe sich vergnügt hat. Bedauerlicherweise beeinträchtigen eine Feuerleiter und ein Vorbau die Sicht auf das Bild, dessen Maler leider nicht mehr bekannt ist. Am Ostgiebel des Gebäudes befand sich ein weiteres, wohl kleineres Wandbild, das den heiligen Martin, den Patron des Bauherrn, und Johannes, den Schutzherrn seines Bruders, darstellte.

Südlich des „Seegarten“ folgen die Wohn- und Geschäftshäuser Lindenplatz 1 und 2, beide aus den 1930er Jahren, zum Teil verändert, zum Teil mit bemerkenswerten Zimmermannsarbeiten der Bauzeit.

← **Hotel Seegarten, Adrian-Stoop-Straße 4, Wandgemälde am Ostgiebel**

↑ **Denkmal „Boot des Mönchs“, Lindenplatz**

Ein Gegenstück zum Wünschelrutengänger-Brunnen ist die **BRUNNENANLAGE „BOOT DES MÖNCHS"** von Karl Jakob Schwalbach (geboren 1937) auf der Ostseite des Lindenplatzes aus dem Jahr 2000.

Ein stilisierter steinerner Kahn, eine bronzene Brunnensäule und andere, auch durch Inschriften erläuterte Details sollen an die Beobachtung eines Tegernseer Mönchs erinnern, der in seinem Boot sitzend einen reflektierenden Streifen auf dem Seespiegel wahrnahm. Bei St. Quirin am Ostufer erkannte der fromme Mann, dass die Erscheinung auf einen Ölfluss zurückzuführen war. Bei Rohbogen, am gegenüberliegenden Ufer, war „Steinöl" aus der Erde getreten. Ein öliges Rinnsal floss in Richtung Seeufer und als „Ölfilm" auf dem Wasser weiter gen St. Quirin (siehe auch Streifzug 4, 6 und 9).

Das „Quirinusöl" galt bald als heilkräftig, wurde in kleine Flaschen abgefüllt und vom Kloster abgegeben.

Das Ereignis aus dem 15. Jahrhundert wird im Brunnenwerk von Schwalbach in Bezug gesetzt zu der bekannten Entdeckung der Jodschwefelquelle von 1909, welche der Auslöser für die Entfaltung von Bad Wiessee im 20. Jahrhundert war.

50 Meter weiter südlich, nach der „Königslinde" und einem weiteren Wohn- und Geschäftshaus, liegt das große Gebäude der **SPARKASSE**, Lindenplatz 6, ein dreigeschossiger, traufseitig zum Platz situierter Trakt aus dem Jahr 1967 – aus städtebaulicher Sicht sicher kein glücklicher Griff, doch wegen seiner Fassadenmalereien von Interesse.

↑ **Links: Sparkasse, Lindenplatz 6, Wandmalerei an der Fassade**
Rechts: Fassade Café Königslinde, Lindenplatz 3

→ **Pfirnanwesen, Seestraße 5**

An der Hauptfront, der langen Westseite, zeigt der mittlere der drei erkerartigen Fassadenvorsprünge eine erkennbar lebensfrohe junge Frau als Halbfigur, mit schulterfreiem Gewand, grünem Hut und einem Blumengebinde im Arm. Vielleicht hat der Münchner Maler Hermann Kaspar (1904 – 1986) mit dieser Gestalt eine Flora, vielleicht auch eine Demeter veranschaulicht, antike Göttinnen, welche für Fruchtbarkeit im Garten und auf Feldern zuständig sind. Auch die „Früchte" des Sees werden einbezogen, denn es sind Fische und Krebse zu sehen. Durch Kleid und Hut ist die Göttin in der Tegernseer Welt angesiedelt.

Die heitere Gestaltung Kaspars, die vorläufig jüngste unter den qualitätvolleren Wandmalereien in Bad Wiessee, wird an den weiteren Fassadenbereichen ergänzt durch heraldische Darstellungen, die sich auf die Gemeinden am See beziehen, durch eine gemalte Bordüre als Wandabschluss unter dem Dachvorstand, durch gemalte Fensterumrahmungen und durch verschiedene Ornamentmuster.

Eine dunkle Seite in Kaspars Leben und Werk darf nicht verschwiegen werden: der Professor für Monumentalmalerei war einer der wichtigsten Staatskünstler der Nazizeit gewesen, bedacht mit großen Aufträgen in München, Nürnberg, Berlin, hoch geschätzt von Hitler, Albert Speer und anderen NS-Größen.

Zurück zum Konditorei-Café **KÖNIGSLINDE AM SEE**, Lindenplatz 3, das aus der östlichen Platzflucht zurückversetzt ist, weil es auf den Baum Rücksicht zu nehmen hatte, der für den Platz und das etwa ein Jahrhundert alte Traditions-Kaffeehaus namensgebend war. Die Linde ist allerdings ein „Enkel" des Urbaums, welcher der Erinnerung an König Max I. Joseph († 1825) gegolten hatte.

An der Südseite der „Königslinde" setzt man den Streifzug fort in Richtung Seeufer. Unübersehbar dehnt sich links der sehr stattliche **PFIRNHOF**, Seestraße 5 , aus. Er wurde 1867 für den Landwirt Anton Kinshofer durch den Maurermeister Josef Hofmann erbaut. Im gleichen Jahr war der Vorgängerbau, wohl ein älterer Holzblockbau, nach einem Blitzschlag abgebrannt. Er befand sich nicht in Nähe des Zeiselbachs wie der Neubau, sondern 500 Meter südöstlich inmitten des dicht bebauten Bauernweilers Altwiessee. Das „ausgesiedelte" Anwesen mit zweieinhalbgeschossigem massiven und verputzten Wohnteil, mit Balkons und Doppelflügelhaus-

tür an der Giebelseite, besitzt den nüchternen Charakter der meisten zwischen 1850 und 1890 erbauten Bauernhäuser der Region.

Zwar steht kein Vieh mehr im Stall des Pfirn, dessen Wirtschaftsteil anderen Nutzungen zugeführt wurde, doch breitet sich um den Hof – nahezu bis zum See reichend – noch ein großer unverbauter Wiesenplan, die ehemalige Viehweide, aus.

Südlich des Pfirnhofs hat sich das **ALTE FORSTHAUS**, Seestraße 6, erhalten, wurde allerdings durch An- und Umbauten nachteilig verändert. Es entstand 1895 anstelle des Pfeiffergütls als Dienstgebäude der „Königlichen General- Bergwerks- und Salinenadministration", einer Behörde, die unter anderem für den Holzeinschlag in den Staatswäldern des Tals und die Trift des Materials auf dem See zur Mangfall bei Gmund zuständig war. Der weitere Transport des Holzes zur Königlichen Saline in Rosenheim erfolgte auf dem Wasser der Mangfall. Dort trug es zur Deckung des enormen Bedarfs an Heizmaterial für die Salzproduktion bei. Über der Haustür des Gebäudes an der Nordseite ist eine Aussägearbeit mit dem Baujahr „1895" und ornamentales Beiwerk zu erkennen, im Nebengiebel, zwei Stockwerke darüber, zwei bayerische Wappen und ein Hirschkopf, am östlichen Giebel weitere Geweihe.

Östlich geht es am Zeiselbach weiter und man nähert sich der 1929 angelegten Seepromenade und dem Seeufer. Bei der dritten Bachbrücke wendet man sich nach Süden, quert also den Zeiselbach, der hier ein kleines Delta angeschüttet hat, wandert zwischen Wasser, Schilf, Parkrasen und

← **Seeuferweg nach Altwiessee**

↑ **Links: Passagierschiff der staatlichen Seenschifffahrt**
Rechts: Blick vom Löblweg südwärts nach Altwiessee

unter alten Bäumen, bereichert durch Ausblicke auf das östliche Seeufer, zum rechts, westlich, abzweigenden Löblweg, etwa hundert Meter vor dem Anstieg nach Altwiessee (bis zu diesem Punkt ab Rathaus 800 Meter).

Die große **LÖBLWIESE**, links des Wegs, erinnert an den früheren Löblhof, der 1947 einem Brand zum Opfer fiel und nicht mehr aufgebaut wurde; nur zwei kleine Nebengebäude dieses alten Klosterlehens sind erhalten geblieben.

Weiter westlich liegen die ***HERZ-JESU-KAPELLE**, Löblweg 6, und das **JOSEFSHEIM** am Weg. Die Kapelle, ein schlichter Bau mit flachem „alpenländischen" Satteldach wurde 1934 vom Münchner Architekten Franz Berberich (1905 – 1996) auf Veranlassung des Expositus und späteren Pfarrers Gansler errichtet, der damals in dem 1927 in der Art eines Landhauses erbauten benachbarten „Josefsheim" wohnte.
Der einfache rechteckige Innenraum der Kapelle, belichtet durch kleine Ochsenaugen- und Rundfenster, weist eine flache Bretter-Leistendecke, sein eingezogener Altarraum ein Tonnengewölbe auf. Die Rückwand dieses gerade geschlossenen Raumteils zeigt ein großes Wandgemälde des Malers und Restaurators Karl Manninger (1912 – 2002) aus dem Jahr 1934. Es zeigt Tegernseer Talbewohner, meist in Tracht, die sich betend und aufschauend Jesus zuwenden. Der See und die Berge, die Tegernseer Kloster- und die Bad Wiesseer Pfarrkirche bilden den Hintergrund. Aus der Bauzeit stammen die teilweise veränderten Altarmensen und ihre Unterbauten aus Rotmarmor, das Kommuniongitter und einige andere bemerkenswerte Schmiedearbeiten. Am Marienaltar dient eine Kopie

↑ Löblkapelle, Außenansicht (links) und Innenansicht (rechts)

→ Blick von der Kapelle nordwärts über die Scheurerwiese zur Ortsmitte

des berühmten, um 1456 entstandenen Madonnenbildes von Fra Filippo Lippi als Andachtsbild (das Original befindet sich in der Alten Pinakothek in München).

Beim Zyklus der breitformatigen Kreuzwegbilder handelt es sich um 1924 hergestellte Kunstdrucke nach Originalen des Münchner Malers Gebhard Fugel (1863 – 1939). Die Glocke im Dachreiter ist die ehemalige Hausglocke des Altwiesseer Gassenmann-Anwesens, die Gansler als Geschenk erhielt. Der schon genannte Löblbauer machte umfängliche Stiftungen zum Kapellenbau.

Noch im Baujahr verkaufte Gansler die Kapelle und das Josefsheim, das sich der „Löbl" ursprünglich als „Austrag" erbaut hatte und jetzt als Pfarrheim dient, an die Speyrer Dominikanerinnen, die in Bad Wiessee Aufgaben in der Krankenpflege übernommen hatten. Die Kapelle war seitdem auch Schwesternchor.

In die Einfriedungsmauer seitlich vom Eingang der Kapelle sind historische Werksteine aus rotem rheinischen Sandstein als Spolien eingelassen, die aus einem Speyrer Klosterkreuzgang stammen sollen und die Schwestern an ihr Mutterhaus erinnern sollten.

Am Platz des Josefsheims befand sich bis kurz vor 1900 der Scheurerhof, eines der alten Wiesseer Klosterlehen, der danach um 400 Meter zum Nordrand der großen bis gegen das Rathaus und den Zeiselbach sich

erstreckenden Wiese verlegt wurde. 1895 entstand dort der stattliche bis zur Gegenwart bewirtschaftete neue „Scheurer“, Sanktjohanserstraße 15.

An der Südseite des Josefsheims eröffnen sich reizvolle Blicke zur südwestlich gelegenen, 1926 geweihten katholischen Pfarrkirche. An der Sanktjohanserstraße und damit im letzten Teil des Streifzugs angelangt, trifft man auf den Schulkomplex Sanktjohanserstraße 36, erbaut als ***„VOLKSSCHULE MIT KINDERHORT UND FEUERHAUS“**, geplant seit 1934, errichtet bis 1936 nach Plan des Münchner Architekten Martin Mendler, welcher den 1. Preis eines entsprechenden Wettbewerbs gewonnen hatte. Der umfängliche Baugrund im Hagnfeld, zwischen Schulweg und Hagngasse, wurde vom Altwiesseer Manglbauern erworben.

Der zweigeschossige Haupttrakt dehnt sich 56 Meter lang in Nord-Süd-Richtung aus. Vor allem das Flachsatteldach mit weiten Überständen, aber auch Materialien wie Kalkbruchstein für den Gebäudesockel folgen dem geforderten „alpenländischen Heimatstil“.

Der Trakt enthält vier Klassenzimmer, Kinderhort-Räume, Lehrer- und Hausmeisterwohnung. Seine nördliche Giebelfront ist mit Kratzputz-Darstellungen verziert. Es werden in der Art von Wappen Schmiede, Zimmerer, eine Schneiderin, Metzger und andere Handwerker bei ihren Tätigkeiten gezeigt. Diese auch hinsichtlich der Technik originellen Arbeiten sind bezeichnet mit „Gassmann 1935“.

An den Haupttrakt schließt hakenförmig nach Osten im gleichen Stil der Nordflügel an, der die Turn- und zugleich Festhalle und im Tiefgeschoss Werkräume enthält. Der östliche Teil dieses Flügels diente bis zur

↑ **Links: Schulkomplex, Sanktjohanserstraße 36, von Osten. Nordtrakt mit ehemaligem „Feuerhaus“ im Ostteil, im Hintergrund Haupttrakt (Westflügel)**

Rechts: Sixthaus, Sanktjohanserstraße 20, Giebelfront mit Wandmalerei

Gegenwart als „Feuerhaus“, das zur Straße eine eindrucksvolle Giebelfront mit drei großen Toren und einem kleineren mit aufgedoppelten Türflügeln und einem weiten, durch Holzpfeiler abgestützten Vordach, ähnlich einem Portikus, aufweist. Bemerkenswert sind Details wie die geschmiedeten Türbeschläge und die geschnitzten Masken an den Pfeilern, die als Abwehrzeichen zu deuten sind. Ein verschindelter Dachreiter mit Zwiebelhaube unterstreicht – über den praktischen Nutzen hinaus (er diente auch als Schlauch-Trockenturm) die Bedeutung der Gesamtanlage.

Ein Blick in den südseitigen Schulhof, eingefasst durch die lange Ostseite des Haupttrakts mit seinen großen Fenstern, durch die Südseite des Nordflügels, dem eine offene Pausenhalle vorgelegt ist, und durch die Einfriedungsmauern im Osten und Süden, macht verständlich, dass der Neubau von 1936 als mustergültig für eine ländliche Schule galt.

Am Schulweg, im Süden, wurde kurz nach Vollendung der Anlage noch ein erdgeschossiger Langtrakt im gleichen Stil, mit Durchfahrt in den Schulhof, als HJ-Heim (heute Kinderkrippe) erbaut.

Auf dem Rückweg nordwärts zum Rathaus fallen zwei Landhäuser auf, die für die 1930er Jahre und insbesondere für das damals „boomende“ Bad Wiessee charakteristisch sind: Sanktjohanserstraße 22 und besonders das **SIXTHAUS**, Sanktjohanserstraße 20, 1936 vom mehrfach genannten Hermann Lang für den Postwirt Josef Sixt erbaut.

Dieser zweigeschossige Bau mit Gebäuderücksprüngen beim Eingang an der Nordseite und der Terrasse an der Südseite weist an der zur Straße gerichteten Ostseite einen weiteren Terrassenvorbau und um die Hausecken geführte Fenster, vor allem aber im dreieckigen Giebelfeld eine Fassadenmalerei des ebenfalls schon genannten Heinrich Bickel von 1936 auf. Er inszeniert hier das Leben auf der Alm mit Schafen und Ziegen, einer Frau, die eine Brotzeit herbeibringt, einer weiteren mit Früchten, einem Bauern mit der Sense und einem Holzknecht im Winter. Der Künstler hat sein Werk rechts in der Ecke der Darstellung signiert und datiert. Zum weiteren Reichtum des Hauses gehören die Aussägearbeiten der Balkonbrüstung, die bemalten Rokoko-Rahmungen der Fenster und die ebenfalls gemalten frommen Haussprüche.

SANKTJOHANSERSTRASSE 18, ehemaliges Postnebengebäude von 1930 nach Entwurf des Bauamts der Oberpostdirektion München, weist am abgewalmten Giebel zur Straße ein Wandgemälde des Malers und Volkskundlers Rudolf Hoferer (1892 – 1943) mit erstaunlicher, sogar erschütternder Aussage auf. Es sind mehrere tödliche Unfälle zu sehen, angeordnet um ein rechteckiges, zentrales Inschriftfeld: ein Autounfall, Unglücke bei der Holzarbeit im Wald und beim Skisport, die Szenen jeweils begleitet von den schrecklichen kleinen Gestalten von Tod und Teufel. Das

↑ **Wandgemälde „Memento mori" am Giebel von Sanktjohanserstraße 18, um 1930**

→ **Links: Post-Nebengebäude, ehemaliges Postamt und Rathaus, Sanktjohanserstraße 18, 14, 12 von Süden**
Rechts: Ehemaliges Postamt, Portal

größte Übel, der Krieg, wird durch einen englischen und einen deutschen Soldaten, beide Hand in Hand mit dem Sensenmann, veranschaulicht, wohl eine Erinnerung des Malers an den Ersten Weltkrieg.

Die Darstellung über dem Schriftfeld mit dem mahnenden Spruch verspricht aber auch Glück und Wohlergehen. Man erkennt die Wiesseer Pfarrkirche, die umgebenden Berge, den See mit Booten, drei Männer, darunter ein Trachtler und ein Tourist, der mit einem Fernrohr in die Berge oder vielleicht auch in eine gute Zukunft blickt.

Das folgende Gebäude, das (ehemalige) ***POSTAMT BAD WIESSEE**, Sanktjohanserstraße 14, wurde 1927 errichtet. Es gehört zu den vorbildlichen ländlichen Dienstgebäuden der ehemaligen Münchner Bauabteilung der Reichspost unter der Leitung Robert Vorhoelzer (1884 – 1954).

Schalterhalle, weitere Diensträume und Wohnungen wurden in einem bewusst auf die ländliche Umgebung abgestimmten Bau mit Walmdach organisiert, dessen äußeres Vorbild auch ein historischer Pfarrhof sein könnte.

Das Dach kragt über die vorstehenden Deckenbalken des Obergeschosses hinweg und bietet damit Schutz für die Putzfassaden.

Besonders interessant ist das Rotmarmorportal in expressionistisch übersteigerten gotischen Formen, darüber ein Relief mit dem Reichsadler der Weimarer Republik. Bemerkenswert sind auch das dreifache Gruppenfenster der Schalterhalle und die aufgedoppelten Türflügel.

Ein kleiner südlicher Anbau mit Laderampe und Ziergiebel wurde leider durch einen Umbau ohne jeden baukünstlerischen Anspruch ersetzt, darüber hinaus wurden die früher kunstvollen Aufschriften „Post und Amt“ aus geschmiedeten Buchstaben entfernt und vor einigen Jahren das Amtsgebäude als solches ganz aufgegeben.

Am nebenstehenden Rathaus von 1931 endet dieser erste Erkundungsgang durch Bad Wiessee (800 Meter ab Löblweg).

2. STREIFZUG (1,2 KILOMETER)

ALTWIESSEE

Vor etwa hundert Jahren entwickelte sich der Lindenplatz mehr und mehr zum Zentrum des nach allen Richtungen wachsenden Dorfes Wiessee, seit 1922 „Bad Wiessee“. Hier war der 1864 eröffnete große Gasthof zur Post der wichtigste Ausgangspunkt dieser baulichen Entwicklung. Dagegen kann die ältere, rund 400 Meter südöstlich vom Lindenplatz gelegene, seit den 1920er Jahren „Altwiessee“ genannte, geschlossene kleine Dorfsiedlung auf eine über 800 Jahre währende bäuerliche Geschichte zurückblicken. Ihr besonderer Charakter ist in wesentlichen Zügen noch erfahrbar und besonders die Liebhaber historischer Bauernhäuser werden dies erfreut feststellen.

Die erste und die letzte Etappe dieser bequemen Tour ist jeweils identisch mit Teilen des ersten Streifzugs.

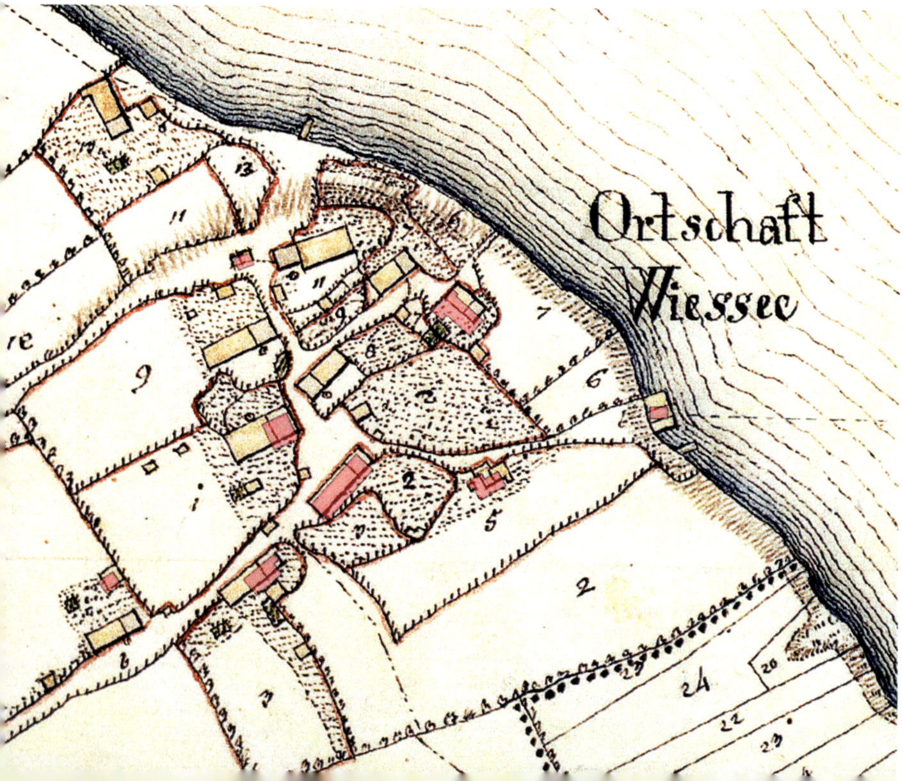

Vom Lindenplatz schwenkt man bei der „Königslinde" südöstlich in die Seestraße ein, tangiert den stattlichen Pfirnhof, Seestraße 5, mit seinem ausgedehnten Wiesenplan und wird dann vom Zeiselbach, vom letzten, dem See zustrebenden Abschnitt seines langen, beim Fockenstein beginnenden Laufes, begleitet. Kurz vor der Mündung quert man den Bach, wechselt damit die Richtung nach Süden und gelangt auf der 1929 angelegten Seepromenade zu einem kurzen Anstieg, der in die bäuerliche Siedlung hinaufführt (350 Meter bis Dorfplatz).

Adalperht und Otkar, die beiden adligen Brüder, die um 760 „aus religiöser Überzeugung" am damals völlig abgelegenen, von bewaldeten Bergen umschlossenen Tegernsee ein Kloster begründet hatten, sahen sich ebenso wie ihre Nachfolger vor die Aufgabe gestellt, auch die materiellen Grundlagen für das Leben und Wirken der wachsenden Mönchsgemeinschaft zu schaffen. Durch das Roden, Erschließen und Bebauen des unkultivierten Landes konnte man sich diesem Ziel nähern: Die Kultivierungsarbeiten ließen sich auch aus der Ordensregel des heiligen Benedikts ableiten. Die frühesten für den Feldbau, für die Nutzung als

← Wiessee (Altwiessee), Katasterplan um 1810

↑ Seepromenade, südlicher Teil

Viehweide und für die Heumahd nutzbaren Flächen waren jene am Moränenwall im Norden des Sees bei Kaltenbrunn.

Als günstig, aber nicht hochwasserfrei, erwiesen sich die Flächen am Unterlauf von Rottach und Weißach. Wiessee, in den Quellen bis etwa 1800 stets „Wessee“ geschrieben, scheint die beste Lage am Westufer des Sees gewesen zu sein, denn hier sind zwischen 1157 und 1242 drei „curiae“ genannt, klostereigene, von leibeigenen „Ministerialen“ geleitete Meierhöfe. Um 1350 wird ein Albertus de Wessee, wohl einer der Ministerialen, genannt.

Eine Begehung von „Altwiessee“ von Norden, von der Seepromenade und der Mündung des Zeiselbachs her, kann anschaulich vermitteln, mit welcher Sorgfalt der Platz für diese Kurien und die ihnen nachfolgenden Hofstätten bestimmt wurde. Man steigt nahe dem See auf ein hochuferartiges Bankett hinauf, das etwa 20 Meter über dem Wasserspiegel liegt, also hochwasserfrei ist, darüber hinaus Abstand zum Zeiselbach hält, der trotz Regulierung und Fassung auch jetzt noch schnell zu seinem alten Charakter als reißender Gebirgsbach zurückkehren kann. Nach Westen geht dieses Bankett in eine größere, überwiegend ebene Fläche über, die bis zur Gegenwart hauptsächlich Wiesen- und Weideflächen aufweist. Man kann davon ausgehen, dass sie schon in den Zeiten der „curiae“ für Getreideanbau, hofnahe „Beweidung“ für die sogenannte Egartenwirtschaft, für Kraut- und andere Nutzgärten, kultiviert worden ist.

Im 13. und 14. Jahrhundert setzte sich eine neue Agrar- und Gerichtsverfassung, die Grundherrschaft, durch: Der Grundherr, hier das Kloster

↑ **Links: Uferweg nach Altwiessee mit Blick nach Tegernsee**
Rechts: Altwiessee von Norden, Nebenhaus des Löblanwesens, dahinter Moarhof

→ **Getreidekasten von 1648, Dorfplatz**

in Person des regierenden Abts, verlieh genau bestimmte Teile des herrschaftlichen Eigentums an den Grundholden, meist einen Bauern, zur Nutzung. Der Grund- oder Lehensherr schuldete dem Grundholden oder Lehensträger „Schutz und Schirm" und befreite ihn vom Kriegsdienst, während sich der Grundhold unter die Niedergerichtsbarkeit des Herren begab, genau festgelegte Abgaben in Gestalt von Naturalien und Geld entrichtete sowie Scharwerksdienste, das heißt Arbeit auf klostereigenen Gütern, leistete. Die Grundherrschaft der weltlichen und geistlichen Herren endete 1803. Rechtsnachfolger des Klosterbesitzes wurde zunächst der Staat. Von restlichen Lasten wurden die Bauern erst 1833 befreit und nun erst wurde ihr Anwesen Privatbesitz im Sinne des bürgerlichen Rechts.

Das erste Gebäude, auf welches man nach Erreichen der „Terrasse" trifft, ist der auf der nördlichen Hangkante aufsitzende ***GETREIDEKASTEN**,

der ehemals zum Hagnbauer, Dorfplatz 5, gehörte. Der gut erhaltene zweigeschossige Holzblockbau von 1648 ist an der Südseite durch eine einfache, mit Brettern verschalte Ständerkonstruktion erweitert. An der schmalen Ostseite kragt im Oberstock eine offene Laube mit Brüstung aus. An dieser Seite liegen die Blockwände frei, an der West- und an der Nordseite sind sie verschalt. Ein flaches, erneuertes Satteldach mit den üblichen Dachüberständen überdeckt die gesamte Anlage.

Im südlichen Anbau, in welchem eine Stiege zum Oberstock führt, befinden sich die Zugänge zu den beiden Holzblock-Kammern. Das kleine seltene Gebäude diente als Speicherbau für Getreide, das auch im Tegernseer Tal in begrenztem Umfang für den Eigenbedarf, für das Brotbacken und die Bereitung von Mehlspeisen angebaut wurde. Auch mussten Höfe, die über geeignete Ackerflächen verfügten, bis 1803 ihrem Grundherren, dem Kloster Tegernsee, Getreide abliefern.

Die sorgfältig, nahezu fugenlos aufgezimmerten beiden Kammern mit ihren stabilen Türen und kleinen Lüftungsöffnungen ermöglichten trockene, vor tierischen Schädlingen gesicherte sowie auch diebstahlsichere Lagerung des kostbaren Getreides. Die Absonderung dieser Speicherräume vom Hauptgebäude der Anwesen erfolgte aus Gründen des Brandschutzes: Brannte ein Hof ab, musste der Bauer nicht zwangsläufig den Verlust der Feldfrüchte beklagen.

Das Bauholz für die Blockwände dieses bedeutenden Baudenkmals, Fichte und Tanne, wurde im Winter 1647/48 eingeschlagen. Dendrochronologisch konnte 2011 zweifelsfrei festgestellt werden, dass der jeweils letzte gewachsene Jahresring der vier untersuchten Hölzer dem Jahr 1647 zuzuordnen ist und die Bauzeit folglich um 1648 angesetzt werden kann. Der Kasten ging 1977 im Zuge der Erweiterung der umgebenden Wege in das Eigentum der Gemeinde über. Er wäre beinahe dem Zweiten Weltkrieg zum Opfer gefallen, als er am 30. April 1945 unter Beschuss geriet: An der östlichen Blockwand des Oberstocks sind noch Spuren eingeschlagener Munitionssplitter sichtbar.

→ Getreidekasten von 1648,
Holzblockwand im Obergeschoss

Östlich, über Steilhängen, die zum See und nach Norden abfallen, thront der **HAGNHOF**, Dorfplatz 5. Dieser bewirtschaftete, auch am Almbetrieb auf der Neuhüttenalm beteiligte, stattliche Einfirsthof mit Eckerkern und Fassadenmalereien von Fritz Carl Baer (1891 – 1981) an der Giebelfront wurde 1931 nach Aufgabe des mehrhundertjährigen Vorgängerbaus neu errichtet. Der Wohnteil dieses Vorgängers, im Obergeschoss ein Holzblockbau, war zum Dorfplatz, also westwärts, ausgerichtet, möglicherweise zum besseren Schutz vor Unwettern, die auch vom See her angreifen konnten. Der massiv gemauerte Neubau wurde in die übliche West-Ost-Richtung „gedreht".

Das Anwesen ist gleichsam der Abkömmling eines der drei Wiesseer „Ausgangshöfe", der Kurien des hohen Mittelalters. In den schriftlichen Quellen wird er als Niederhof bezeichnet, im Unterschied zum Mitter- und zum Oberhof.

Vor 1467 wurde dieser Niederhof in zwei „halbe Höfe" geteilt: der erste ist der noch am Ort bestehende, später „Hagn" genannte, aus dem zweiten, wohl benachbarten, entstanden durch erneute Teilung vor 1588 in einiger Entfernung der Löbl- und der Scheurerhof.

Der **LÖBLHOF** lag nördlich unterhalb des Getreidekastens in der großen Wiese, die noch jetzt seinen Umgriff bezeichnet. Er hatte bei der Teilung vor 1588 in der älteren Dorfstruktur auf der Terrasse offenbar keinen Platz mehr gefunden. 1947 wurde der „Löbl", der parallel zum Seeufer, mit dem Wohnteil nach Süden, situiert war, durch Brand zerstört und nicht mehr aufgebaut. Das kleine Nebengebäude Löblweg 14 und das ehemalige

↑ **Links: Hagnbauer, Dorfplatz 5, Fassadenmalerei am Giebel, Hl. Katharina. Rechts: Steinbrecherhof, Dorfplatz 7, Gedenkkreuz der Familie Pauli**

→ **Fronleichnamsprozession vor dem Moarhof**

Waschhaus, mitten in der Wiese, erinnern noch an das historische Anwesen. Der **SCHEURERHOF** befand sich von etwa 1588 bis gegen 1800 am Löblweg, westlich der Josefskapelle, und wurde danach etwa 250 Meter nach Norden verlegt (Sanktjohanserstraße 15, siehe Streifzug 1).

Südlich parallel zum Hagn befindet sich der 1956 neu erbaute, nicht mehr bewirtschaftete **STEINBRECHERHOF**, Dorfplatz 7. Er ist wie sein Vorgängerbau nach Osten gerichtet, mit prächtigem Ausblick zum See, und verfügt über mehrere Gästezimmer. Das Anwesen ist ebenso wie der Moarhof im Spätmittelalter vom Mitterhof (Mangl) abgeteilt worden und erscheint in den Archivalien vom 15. bis 17. Jahrhundert als Käslehen, was sich wohl auf die Naturalienabgaben an die Grundherrschaft, das Kloster, bezieht.

Der **MOARHOF**, Dorfplatz 3, liegt an der Westseite des angerartigen Dorfplatzes, abseits vom See. Er wurde vor 1494 vom südlich benachbarten Mitterhof (Mangl) abgetrennt. Der Wohnteil wurde im späten 18. Jahrhundert neu errichtet und 1986 umfassend erneuert unter Hinzufügung eines zweiten Balkons über dem Eingang. Seine östliche Giebelfront mit weitem Vordach, dem Balkon, der noblen Haustür und ihrem Vorplatz aus örtlichem Flyschgestein sind prägende Elemente im Bild der Dorfplatzes.

Der „Moar“ (Maier) wird nicht mehr landwirtschaftlich betrieben, der ehemalige Wirtschaftsteil wurde seit 1982 zum anspruchsvollen Gästehaus umgebaut und erweitert.

Der ***MANGLHOF**, Dorfplatz 1, wie sein nördlicher Nachbar an der Westseite des Platzes gelegen, ist mit seinem breiten, sechs Fensterachsen zählenden Giebel, dazu der Mittelachse mit der Haus- und darüberliegenden Laubentür, der beherrschende Bau am Platz. Sein Obergeschoss, ein Holzblockbau, ist über der Laubentür mit „1737“ datiert. Bauherr war Leonhard Höß, Sohn des benachbarten „Sternegger“, der den Hof für 700 Gulden nach Verheiratung mit der Tochter des Vorbesitzers übernommen hatte. Vor 1909 wurden die bemerkenswerten Fenster des verputzten Erdgeschosses in hochrechteckiger Form, städtischen Vorbildern folgend, erweitert und mit gewölbten Scheiben verglast. Der Wohnteil wurde 1975 leicht erhöht und das Dach neu erstellt. Das dabei angebrachte Giebelbundwerk ist in der Tegernseer/Miesbacher Region bei historischen Bauernhäusern nicht üblich, Firstkreuz und Hausglocke entsprechen dagegen alter Tradition. Die Lauben mit den Aussägemotiven in den verbretterten Brüstungen wurden in jüngerer Zeit erneuert.

Im rund zehn Meter langen Mittelgang (Flez) des Obergeschosses sind die Holzblockwände von 1737 mit den Verbindungen (Schrote) der in die Längswände eingebundenen Zwischenwände der seitlichen Kammern, jetzt Gästezimmer, bemerkenswert. Auch die Unterzüge, welche die Decke dieses Flezes tragen, sind mit ihrem konsolartigen Endungen Meisterwerke der Zimmermannskunst.

↑ **Manglhof, Blick westwärts zur Pfarrkirche und zum Kampen (links) und Giebelfront (rechts)**

Manglhof, Fenster mit gewölbten Scheiben (rechts) und Holzblockwand im Obergeschoss (unten)

Der Stall dieses für gute Viehzucht bekannten Hofes der Manglbauernfamilie Höß wurde für rund drei Dutzend Rinder in den 1980er Jahren neu erbaut, ein Zuhaus wurde südlich angeschlossen. Das Vieh dieses großen und sehr alten, auch durch die Beteiligung am Fremdenverkehr gut situierten Anwesens steht im Sommer auf der örtlichen Waxlmoos- und auf der Schwarzentennalm bei Kreuth.

Der „Mangl" ist einer der drei Wiesseer Ausgangshöfe des 15. Jahrhunderts, nämlich der Mitterhof. Er dürfte aus einer der Wiesseer „curiae" des 12. Jahrhunderts hervorgegangen sein.

Nicht immer besaß der Dorfplatz den jetzigen Angercharakter, der sich erst nach 1867 herausbildete. Damals brannte der alte Pfirnhof nach einem Blitzschlag ab. Er lag nordöstlich gegenüber dem Manglhof, mit dem Wohnteil nach Westen, wie der „Hagn", und wurde nicht an der alten beengten Stelle, sondern an der Seestraße 5 in stattlicher Größe als Massivbau neu errichtet.

Im Süden begrenzt der ***STERNEGGERHOF**, Dorfplatz 12, mit seiner lang gestreckten Nordseite den Dorfplatz. Er ist einer der Nachfolger des oberen der drei Ausgangshöfe, des um 1430 nachweisbaren Oberhofs". Die Anlage, mit bedeutender, selten gut erhaltener Giebelfront, über welche auch die Erschließung des historischen Wohnteils erfolgt, ist nach Osten ausgerichtet. Die Mehrzahl der Fenster seines gemauerten und verputzten Erdgeschosses besitzt noch die altertümlichen kleinen Dimensionen des 17. Jahrhunderts mit den fest eingebauten „Kreuzstöcken", an welche

↑ Manglhof, Schmuck-„Buschen" vom Almabtrieb

→ Sterneggerhof, Dorfplatz 12, Giebelfront (links) und Nordseite mit Wendelinbrunnen (rechts)

jeweils vier kleine Flügel anschlagen, sowie mit Klappläden. Am Blockbau-Obergeschoss, das auf das späte 17. Jahrhundert, möglicherweise auf 1689 zurückgeht (eine dendrochronologische Untersuchung 2012 erbrachte kein eindeutiges Ergebnis), weisen die Lauben unter den weiten Vordächern auf der Ost- und Südseite sowie die Hochlaube im Giebeldreieck schöne barocke Brettbaluster-Brüstungen und profilierte Laubensäulen auf. Die nördliche Blockwand des Obergeschosses trägt eine Bretter-Leisten-Verkleidung mit Zierformen, die auf die Zeit um 1900 deuten: Gleichzeitig wurden wohl auch die Klappläden mit Andreaskreuzen oder Barockkartuschen bemalt. In der Mittelachse der Giebelfront, hoch über der Haus- und der Laubentür sind ein spätgotischer Kruzifix und eine schmerzhafte Muttergottes zum Schutz des Hauses angebracht, auf dem First befindet sich eine Hausglocke.

1901 wurde der Sterneggerhof von dem Münchner Goldschmied und Professor an der Kunstgewerbeschule Fritz von Miller (1840 – 1921), einem Sohn des Erzgießers Ferdinand von Miller (1813 – 1887), zusätzlich zum benachbarten Kainzenhof, erworben. Mit 73.96 Tagwerk Grund war der „Sternegger" noch 1815 der größte Hof im Dorf gewesen, er hatte auch Anteil an der Neuhüttenalm. Kurz vor 1900 wurde der Grundbesitz durch die Erben des letzten Bauern zertrümmert.

Sein Wert war zuletzt auf 85.000 Mark angesetzt worden. In der Folgezeit wurde der Wirtschaftsteil, dessen Ausdehnung die alte Tennenauffahrt im Westen noch anzeigt, für Wohnnutzungen ausgebaut. Die Nordseite gestaltete Miller in einem künstlerisch veredelten Heimatstil als Schaufront aus: Dazu gehören das Wandfresko des Münchner Akademieprofessors August Spieß (1841 – 1923) von 1902, welches die Heiligen Nikolaus und Juliana sowie eine Madonna mit Kind über einem Prospekt des Klosters Tegernsee zeigt, darüber hinaus die Malereien auf den Klappläden und der hölzerne Brunnentrog mit der Brunnenfigur des

heiligen Hirten Wendelin. Im Inneren des Wohnteils beeindrucken besonders der Flez mit seinen Holzblockwänden und die Stube in der Südostecke mit ihren kleinen, in tiefen Leibungen sitzenden Fenstern.

Gegenüber der Giebelfront des Hofs, an der vorbeiführenden Fischergasse, liegt die ***STERNEGGERKAPELLE**, eigentlich ein Bildstock, da nicht betretbar. Der kleine gemauerte und verputzte Rechteckbau ist an der schmalen Westseite bis unter die Dachschräge des Satteldachs geöffnet und weist in der Tiefe eine gewölbte Nische mit vorgelagerter Kniebank und über ihrem Segmentbogenabschluss eine kleine Figurennische auf. Die Stirnwand dieser beiden Vertiefungen ist seit der Restaurierung 2009 mit einer Quaderung vor einem rötlichen Grund bemalt. Der kleine originelle Bau stammt wahrscheinlich aus dem 17. Jahrhundert, die Reste der originalen Ausstattung, ein Kruzifix, eine Leonhard- und eine Johann-Nepomuk-Figur sind leider in den 1970er Jahren gestohlen worden.

Der ***KAINZENHOF**, Dorfplatz 9, nordöstlich vom „Sternegger“ kaum einsehbar in Seenähe gelegen, ist eine Einfirstanlage der zweiten Hälfte des 17. Jahrhunderts. Sie folgt der Richtung der Hochuferkante des Sees und zeigt mit dem Wohnteil nach Süden.

Das Anwesen, im 18. und 19. Jahrhundert in den Archivalien als „Gütl“ oder 1/8-Hof bezeichnet, wurde 1506 vom nördlichen benachbarten Steinbrecherhof, damals als Käslehen benannt, abgeteilt. Diese Zwei- zuweilen auch Mehrfachteilungen wurden vor allem im 15. Jahrhundert von der Klosterherrschaft verfügt. Sie waren aufgrund des all-

↑ Sterneggerhof, Wandgemälde an der Nordseite (links) und Stube im Erdgeschoss (rechts)

→ Sterneggerkapelle

gemeinen Bevölkerungszuwachses notwendig, auf den man auch im Tegernseer Klostergericht reagierte. Anderenfalls hätten zahlreiche nachgeborene Klosteruntertanen keine Existenzgrundlage gefunden und wären abgewandert, was nicht im Interesse der Herrschaft lag.

Dem gemauerten Erdgeschoss des Kainzenhofs liegt der im Holzblockverband aufgezimmerte Oberstock auf, dessen Außenwände zusätzlich mit einer alten Bretterschalung verkleidet sind. Eine Laube umläuft alle drei Seiten des Wohnteils und teilweise auch des ehemaligen Wirtschaftsteils, ihre Brüstungsbretter sind in barocken Formen ausgesägt .

Der Wohnteil wird von der westlichen Traufseite her erschlossen, in den kleinen Vorraum ist links die Stiege zum Oberstock eingestellt, rechts befindet sich der Zugang zur Stube, in gerader Richtung, östlich, ist die geräumige Küche angeordnet, die – wie üblich – einen Ausgang ins Freie besitzt. Im Winkel zwischen Küche und Stube liegt eine weitere große Stube mit je zwei Fenstern nach Süden und Osten.

Im Obergeschoss, wo fast alle Außen- und Innenwände die alten Holzblock-Oberflächen zeigen, verläuft der Flez ebenfalls quer zur Firstlinie des Hauses und besitzt im Westen und Osten Ausgänge zu den Lauben. An seiner Südseite liegen drei ehemalige Schlafkammern nebeneinander, eine vierte Kammer springt im Ostteil von Norden her in den Flez ein, der sich dadurch zu einem Gang verengt. Auch beim „Deyerl" und beim Baierhof in Holz sowie im benachbarten „alten Sperrhaus" tritt diese seltene Grundrissgestaltung bei den oberen Flezen auf, die wohl auf eine lokale Tradition zurückzuführen ist.

Der bereits genannte Münchner Goldschmied und „Erzbildner" Prof. Fritz von Miller hatte 1896, 15 Jahre nach dem Tod des letzten Kainzenhofbauern Melchior Höß, das historische Anwesen von einem spekulierenden Münchner Zwischenbesitzer erworben. Im selben Jahr konnte er auch das noch bestehende kleine Nebenhaus und Teile der umgebenden Grundstücke zurückkaufen. In kleinerem Umfang wurde der Kainzenhof zwar weiter bäuerlich bewirtschaftet, zugleich aber auch ausgestaltet zu einem ländlichen Sommersitz nach dem Geschmack der Münchner Künstlerschaft der späten Prinzregentenzeit, vor allem der konservativeren Zirkel, die für altbayerische Kultur und Volkskunst Inte-

← Oben: Kainzenhof, Dorfplatz 9, Giebelfront
Unten: Pfarrkirchturm, Kainzen-, Steinbrecher- und Hagnhof vom See aus

↑ Kainzenhof, Holzblockwand im Obergeschoss (links) und Schlafkammer im Obergeschoss (rechts)

resse zeigten. Viele Sonntags- und Sommergäste aus diesen Kreisen und die große Miller-Verwandtschaft fanden sich gern auf dem Kainzenhof ein, wie die erhaltenen Gästebücher belegen.

Diesem Stil und dem Wirken Millers sind die Terrakotta-Bekrönungen über den leicht vergrößerten Fenstern, die Bemalung der Klappläden und andere Ausschmückungen, darüber hinaus auch die barocke Herrgottsfigur an der Giebelfront des Hauses, zu verdanken. Im Inneren wurde die herkömmliche Stube in einen bäuerlichen „Salon", die Oststube, wohl ehemals eine Schlafkammer, in ein ländliches Esszimmer verwandelt.

Unterhalb, am Seeufer, entstand 1899 eine Bootshütte, ein verbretterter Holzständerbau, mit großem aufgemalten Miller-Wappen am Einfahrtstor. Neuerdings wurde der damals errichtete kleine hölzerne Leuchtturm in rekonstruierter Gestalt am Ufer wieder aufgestellt.

Die zwischen dem Sternegger und der gegenüberliegenden Kapelle südöstlich abwärts führende Gasse endet mit einem Zweig im **FISCHERHOF**, mit einem zweiten, einem öffentlichen Weg, am Seeufer, einem reizvol-

← **Kainzenhof, Segnender Herrgott am Giebel (oben links), östliche Stube im Erdgeschoss (oben rechts), westliche Stube im Erdgeschoss (Mitte) und Bootshütte des „Kainzen" (unten)**

↑ **Neuer Fischerhof über dem Seeufer, Fischergasse 8**

Altes Fischerhaus, Fischergasse 8, von Nordwesten (oben), von Südwesten (Wohnteil, Mitte), von Südosten (Wirtschaftsteil, unten links) und Tür im Inneren (Wohnteil, unten rechts)

len Aussichtsort, im Sommer darüber hinaus ein ruhiger kleiner Badeplatz. Jahrhundertelang war dieser Ort die wichtigste Anlegestelle im Bootsverkehr zwischen Wiessee und Tegernsee.
Der Fischerhof besteht aus dem ***ALTEN FISCHERHAUS**, Fischergasse 8, und dem großen **„NEUEN HOF“** von 1914. Das alte Haus ist vom See abgewendet nach Westen gerichtet, wie das alte, 1931 abgebrochene Hagnhaus, Dorfplatz 5. Der Wohnteil ist ein altertümlicher zweigeschossiger, mit senkrechten Brettern verschalter Holzblockbau, der nach den Formen der Balkenvorköpfe in das 16. Jahrhundert datiert werden kann.

Der Bau ist von der westlichen Giebelfront her erschlossen, an ihrem nördlichen Teil springt ein Vorbau nach vorn aus, dessen Erdgeschoss gemauert ist. Die Laube am größeren Teil des Giebels und an der Südseite besitzt Brüstungen mit senkrechter geschlossener Verbrettung. Der Hauptraum, die Stube, liegt an der Südseite des kleinen Flezes, nach Osten schließt die Küche an.

Aus dem unteren führt direkt neben dem Haupteingang eine Stiege in den oberen Flez, wo an der Westseite der Zugang zur Laube liegt, dessen hölzerner Türstock einen Sturz in nachgotischen, wohl in das 16. Jahrhundert zu datierenden Formen zeigt. An der Südseite dieses Flezes liegen zwei Kammern, welche heute selten gewordene Wandvertäfelungen, Kassettendecken und Dielenböden des 16. und 18. Jahrhunderts aufweisen. Noch ungeklärt sind die Funktionen des nördlichen, nach Westen vorspringenden Anbaus, zumal dieser im Inneren in jüngerer Zeit stark verändert wurde.

Der ehemalige Wirtschaftsteil des alten Fischerhauses ist als solcher äußerlich kaum erkennbar, nachdem wohl im frühen 20. Jahrhundert ein östliches Vordach und umlaufende Lauben angebracht sowie Fenster mit Klappläden eingebaut wurden. Im Inneren zeigt sich aber im oberen Stock an den hinter der äußeren Bretterschalung sichtbaren „Schredelwänden“ (Holzblockwände mit breiten Durchlüftungsöffnungen zwischen den einzelnen Balkenlagen), dass hier ein großer Bergeraum (Heuboden) bestand, der später in eine Zimmerer- und Schreinerwerkstatt umfunktioniert und durch die südseitige Außentreppe erschlossen wurde. Auch lassen die rußgeschwärzten Balken des Dachtragewerks erkennen, dass das alte Fischerhaus in seiner gesamten noch bestehenden Ausdehnung ein „Rauchhaus“ (ohne Kamin) war.

Der „Fischer“ war mit nur 33 Tagwerk Grund und einem kleinen Anteil an der Neuhüttenalm das kleinste der Wiesseer Anwesen, ein sogenanntes Söldengütl, jedoch mit besonderen Fischereirechten. Umso erstaunlicher ist die Größe und „Modernität“ des 1914 an der Südseite des alten Hauses errichteten Neubaus, der mit seinem Raumangebot bereits auch auf den Fremdenverkehr reagierte. Der massive und verputzte Bau erhebt sich, nach Osten gerichtet, über dem Seeufer auf einem hohen Kellergeschoss mit Bruchsteinsockel. Die Raumhöhen, die Fensterformate, die Doppelflügel-Haustür mit vorgelegter zweiläufiger Außentreppe an der Giebelfront und die Jalousieklappläden zeigen die Einflüsse aus der städtischen und der Landhaus-Architektur, andere Details wie die Lauben mit Aussägebrüstungen und die Pfettenköpfe in Drachenkopfgestalt entsprechen noch dem herkömmlichen bäuerlichen Haus und seinen Merkmalen. Der neue Fischerhof ist innerhalb der Gemeinde der zeitlich letzte der großen neuen Einfirsthöfe der vorletzten Jahrhundertwende, zu denen der nahegelegene neue Sperrhof, der Pförn und der Scheurer in der heutigen Ortsmitte, der Schustermann und der Krinner in Abwinkl, der untere Hof in Buch (Großbuch) sowie der Grundner, der Gundisch und der Oberreiter in Holz zählen.

Das ***ALTE SPERRHAUS**, Sterneggerstraße 14, liegt westlich hinter dem Sternegger. Beide ordnen sich mit ihren nördlichen Traufseiten der „Gasse“ zu, die westwärts aus dem Ort in die Weide-, Wald- und Almbereiche der einzelnen Anwesen hinausführte – Strukturen, die teilweise bis heute wirksam sind. Beide, Sternegger und Sperr, sind um 1430 aus dem Oberhof, dem südlichen der drei Wiesseer Ausgangshöfe durch Teilung hervorgegangen und galten in der Folgezeit als „halbe Höfe“.

Beim Sperranwesen, von den Einheimischen „Beim Spoin“ genannt, ist sieben Jahre vor der baulichen Erneuerung des Fischerhofs derselbe Vorgang zu beobachten: Neben dem sehr alten, in seinem historischen Wohnteil auf das Jahr 1594 zurückzuführenden, bis zur Gegenwart erhaltenen Bau entstand 1907 südlich parallel der neue große Sperrhof, Sterneggerstraße 12.

→ Altes Sperrhaus, Sterneggerstraße 14, Giebelfront von Osten

Die östlichen und südlichen Außen- und nahezu alle Innenwände des eindrucksvollen, von einem kleinen Hausgarten umgebenen historischen Wohnteils sind Holzblockkonstruktionen, nur die untere Nordwand und das Erdgeschoss des Vorbaus im Nordosten sind gemauert und verputzt.

Die Tür, die am Oberstock der östlichen Giebelfront auf die Laube hinausführt, welche sich mit ihrer geschlossenen verbretterten Brüstung auch auf die Südseite erstreckt, wies noch vor etwa 40 Jahren am spitzbogig geschwungenen Sturz die eingeschnittene Jahreszahl 1594 auf. Bei einer Erweiterung der Tür wurde der Sturz, der dem des alten Fischerhauses ähnlich war, ausgeschnitten. Dieses seltene „Dokument“ ging danach leider verloren.

Im Jahr 2011 konnte eine dendrochronologische Untersuchung im Gebäude durchgeführt werden, durch die sich nachweisen ließ, dass das Tannenholz für die Baukonstruktion in den Jahren 1586/87 und 1588/89 eingeschlagen wurde. Damit war das hohe Alter des Baus, des ältesten der Gemeinde und mit hoher Wahrscheinlichkeit des ältesten erhaltenen Bauernhauses des Landkreis Miesbach, durch eine zuverlässige naturwissenschaftliche Methode bestätigt.

Eine weitere Besonderheit am alten Sperrhaus ist der am Nordteil der östlichen Giebelfront ausspringende Vorbau, im Erdgeschoss massiv, im Oberstock, der unter die nördliche Dachfläche „geschleppt" ist, eine verschalte Holzblockkonstruktion. Beim alten Fischerhaus, beim „Puderer" im Abwinkl und in einigen anderen Orten der Region lassen sich diese seltenen, zweifellos altertümlichen „Stüberlvorbauten" beobachten. Ihre ursprüngliche Funktion ließ sich bisher nicht nachweisen, sie werden zuweilen als separate Bereiche für die Austragsbauern gedeutet.

Dem Eingang des Hauses an der Ostseite folgen der in die Tiefe führende Flez und an dessen Südseite zwei „Blockstuben": Die vordere, von Osten und Süden belichtet, zeichnet sich durch eine Bretter-Leistendecke wohl des 18. Jahrhunderts über einem kräftigen Unterzugbalken, durch gleichzeitige, mittels Leisten gegliederte Wandvertäfelungen und durch Wandkästchen mit barocken Blendrahmen aus, die in ehemalige, wohl zum Bau des späten 16. Jahrhunderts gehörende Fensteröffnungen eingesetzt sind. Eines dieser Kästchen ist mit 1798 bezeichnet. Ein Sesselofen mit Kacheln geht auf den Anfang des 20. Jahrhunderts zurück.

Nördlich des Flezes liegt im vorderen Teil der Zugang zum „Stüberl", hinten die erneuerte Küche: Die alte Feuerstelle wurde erkennbar belassen.

Eine steile Stiege leitet in den oberen Flez, der in Ost-West-Richtung wie der untere verläuft. An der Ostseite befindet sich der Ausgang auf die Laube, südlich sind nebeneinander drei Kammern, die vorderen mit alter Vertäfelung, angeordnet. Der Westteil des Flezes ist – ähnlich wie beim „Deyerl" in Holz – zum Gang reduziert, weil von Norden eine vierte

↑ Sterneggerstraße 14, Stube (links) und Holzblockwände im Obergeschoss (rechts)

→ Sterneggerstraße von Westen nach Osten, Giebelfront des Gassenmann-Anwesens (rechts), im Hintergrund der Stadel

Kammer mit Leistendecke und Täferwerk „einspringt“, die leicht über der Geschossebene liegt und über eine kurze Nebentreppe erschlossen wird.

Das Dachtragwerk trägt die Bezeichnung „1737 MGW“, es handelt sich um eine barockzeitliche Erneuerung durch einen der damaligen Lehensträger der Widmann-Sippe. Auch die Fensteröffnungen wurden wohl schon im 18. Jahrhundert wahrscheinlich bei der Ausgestaltung der Stube erstmals vergrößert: Spuren der ältesten kleinen Fenster sind am Außenbau noch zu finden.

Der Wirtschaftsteil des ehemaligen Einfirsthofs, Sterneggerstraße 14 a, wurde in neuerer Zeit first- und profilgleich durch einen Neubau ersetzt. Während das alte, liebevoll restaurierte und zurückhaltend erneuerte Sperrhaus als Zweitwohnsitz, der neue, angepasste Westteil als Wohnhaus dient, wird im **NEUEN SPERRHOF**, Sterneggerstraße 12, die landwirtschaftliche Tradition fortgesetzt.

Der über einem Bruchsteinsockel sich erhebende stattliche Bau mit repräsentativer Haustür, Vortreppe, Balkons und Giebellaube an der östlichen Hauptfront wurde 1907 errichtet.

Ein Teil dieser Merkmale, darüber hinaus auch die Fenstergestaltungen und die Geschosshöhen, sind vom Bauen in städtischen Bereichen beeinflusst und übernommen, offensichtlich in Erwartung von Sommergästen.

Das **GASSENMANN-ANWESEN** („Beim Gaßmo"), Sterneggerstraße 9, ist um 1488 vom Sperrhof abgetrennt worden. Beide wirtschafteten nunmehr eigenständig, betrieben die Almwirtschaft aber weiter gemeinsam, was auch für die weiteren Bauern bzw. Lehensträger galt. 1917 wurde der Viertelhof, zu dem etwa 50 Tagwerk Grund und Anteile an der Neuhüttenalm zählten, zertrümmert, das heißt, an verschiedene Käufer veräußert.

Das Gebäude, ein kleinerer Einfirsthof, wurde angeblich 1753 neu erbaut. Das Obergeschoss des Wohnteils ist eine im 19. Jahrhundert verputzte Holzblockkonstruktion. Das Innere wurde erneuert, der ehemalige Stall mit Tenne zum Teil für Wohnzwecke umgebaut, doch sind die alten Proportionen des Hauses, die Ordnung der Fenster und der Lauben gut erhalten geblieben und lassen den historischen Bautyp erkennen.

Im Stadel, nördlich vom Haus, einem mit Brettern verschalten Holzständerbau, ist ein zweigeschossiger ***GETREIDEKASTEN**, angeblich von 1723, erhalten, der als Werkstatt und Lagerraum dient. Die Formen des großen, geschmiedeten Schlüsselschilds sprechen allerdings für eine Anlage des 16. oder 17. Jahrhunderts. Die Existenz dieses „Troadkastens" bezeugt, dass in früherer Zeit auch Getreide im Ort angebaut wurde. Der Hausname bezieht sich auf die aus der Dorfmitte westlich in die Weiden und Almböden hinausführende „Gasse", die heutige Sterneggerstraße. Sie wird

↑ Sterneggerstraße 9, Stadel (links), Tür des Getreidekastens von 1723 (Mitte) und Schlüsselschild in spätgotischen Formen (rechts)

Sanktjohanserstraße 45, Wandgemälde des heiligen Korbinian (links) und geschmiedete Lampe (rechts) am Café

im Westen überragt von den Dächern und dem Spitzhelm der 1926 geweihten Pfarrkirche, die in ähnlicher Lage und vergleichbarer Gestalt wie die sehr viel ältere Leonhardskirche im benachbarten Kreuth über dem Ort erscheint. Rupert von Miller (1879 – 1951), dem Architekten der Bad Wiesseer Kirche, dürfte dieses Bild vor Augen gestanden haben, das leider durch den hinsichtlich Größe und äußerer Details verfehlten Neubau des „Wiesseer Hofs“ in den 1960er Jahren eine erhebliche Störung erfuhr.

Eine Stärkung und Pause nach diesem Streifzug bieten das nahe Café oder der gegenüberliegende „Wiesseer Hof“ (Sanktjohanserstraße 45 bzw. 46). Den Erkundungsgang zur Pfarrkirche und auf den Kirchbichl kann man an diese Tour „nahtlos“ anschließen (3. Streifzug) – oder man kehrt auf der Sanktjohanserstraße zum Lindenplatz zurück (450 Meter).

3. STREIFZUG (2,0 KILOMETER)

AUF DEM KIRCHBICHL

Von der Ortsmitte beim Rathaus und am Lindenplatz führt diese Tour auf der Sanktjohanserstraße südwärts etwa 450 Meter bis zum „Wiesseer Hof", früher auch Kirchenwirt genannt. Unmittelbar an der Südseite dieses großen Gebäudes, neben der örtlichen Kriegergedächtnisstätte von 1955, zieht sich ein Steig hinauf auf den Kirchbichl, auf dem sich die Pfarrkirche Maria Himmelfahrt von 1926 erhebt.

Dieser Bau, vor dem Hintergrund der Berge aufragend, erweckt den Anschein eines sehr viel älteren, seit Jahrhunderten sein Umfeld und darüber hinaus weite Bereiche des westlichen Seeufers prägenden Bauwerks. Nicht zuletzt deswegen gilt er als ein Meisterwerk der Sakralarchitektur des 20. Jahrhunderts.

Während die größeren Siedlungen am Ostufer des Tegernsees seit dem Mittelalter über eigene Pfarrkirchen verfügten, gab es auf der West-

seite nur einige bäuerliche Kapellen für die Andacht. Jahrhundertelang begaben sich die Einwohner von Wiessee, Abwinkl, Buch und Bauer in der Au mit Ruderbooten auf „Kirchfahrt“ über den See. Ihr Ziel war die alte Tegernseer Pfarrkirche St. Johann Baptist und nach deren Abbruch 1803 die ehemalige Klosterkirche St. Quirin, nunmehr Pfarrkirche. Die Fahrt über den See war oft ein gefährliches Unternehmen. Auch der Gang über seine Eisdecke im Winter führte immer wieder zu Unfällen mit tödlichem Ausgang.

Zum Gmunder Pfarrsprengel gehört noch jetzt der Ortsteil Holz und bis 1942 zählten auch die meisten Anwesen zwischen Holz und der heutigen Ortsmitte zu dieser Pfarrei.

Das Bedürfnis nach einer eigenen Kirche in der um 1900 wachsenden und an Bedeutung gewinnenden Gemeinde Wiessee nahm 1904 mit der Gründung eines Kirchenbauvereins Gestalt an. Die Anregung dazu ging von dem Münchner Goldschmied Prof. Fritz von Miller aus, einem Sohn des Erzgießers Ferdinand von Miller. Er führte zusammen mit seinem Bruder Ferdinand d. J. (1842 – 1929) die berühmte Münchner Erzgießerei und gehörte seit dem Erwerb des Wiesseer Kainzen-, danach des Sterneggerhofs (Dorfplatz 9 und 12) zwischen 1894 und 1901 zur Nachbarschaft der (Alt-)Wiesseer Bauern.

Der Verein, der 1909 schon 200 Mitglieder zählte, richtete auf dem Dorfplatz bis zum Ersten Weltkrieg phantasievolle Feste aus, deren Erlöse für das Kirchenprojekt bestimmt waren. Durch Millers Verbindungen zum Münchner Großbürgertum konnten Mäzene wie die Familien Maffei, Pschorr und Sedlmayr gewonnen werden, doch gingen angesparte 80.000 Mark in der Inflation 1923 wieder verloren, sodass die Finanzierung erneut in Angriff genommen werden musste.

Als Standort der Kirche wurde der „Wasserpoint“ ausersehen, ein 300 Meter westlich vom Dorfplatz gegen die Anwesen von (Alt-)Wiessee vorspringender Hügel. Fritz von Miller und sein Sohn, der beauftragte Architekt Rupert von Miller, hatten zu diesem exponierten Platz geraten,

← Katholische Pfarrkirche Maria Himmelfahrt auf dem Kirchbichl, von Norden, dahinter Wallberg

für den nun der Name „Kirchbichl" gebräuchlich wurde. Millers Planungen, die charakteristische Züge der sakralen Baukunst der ländlichen Spätgotik mit zeitgenössischen Stilformen verbanden, erfuhren örtlich, bei den kirchlichen und staatlichen Ämtern und in der Fachpresse große Zustimmung und Beachtung.

Nach der Entdeckung der Jodschwefelquellen und besonders seit Eröffnung des Badebetriebs 1910 war die Einwohnerzahl im Ort sprunghaft angestiegen. Es wurden deswegen ab 1922 von dem als Kaplan berufenen Johann Nepomuk Gansler (1895 – 1969) in einem Schulzimmer, 1923/24 im Saal des Postgasthofes, katholische Gottesdienste gefeiert, danach bis zur Weihe der neuen Kirche 1926 in einer 60 Personen fassenden hölzernen Notkirche am Fuße des Kirchbichls.

Die nach Osten gerichtete ***KIRCHE MARIA HIMMELFAHRT**, deren Grundstein 1925 gelegt werden konnte, erhebt sich auf einer hoch gelegenen Terrasse, die gegen den Ort von einer Bruchstein-Brüstungsmauer eingegrenzt wird. Der eingezogene Chor schließt in drei Seiten. Seine Dachhöhe liegt unterhalb der langen Firstlinie des Langhauses.

Der Turm, an die Chornordseite angeschlossen, mit einem 30 Meter hohen, mit Kupferbahnen gedeckten Spitzhelm, der zwischen vier steilen Zwerchgiebeln herauswächst, ist eine besonders gelungene Schöpfung Rupert von Millers. Seine Vertikale ist wirkungsvoll gegen die horizontalen Firstlinien der verschieden hohen Dächer gesetzt. Ein harmonisch ausgeglichener Bauorganismus konnte auf diese Weise entstehen. Auch die Details am Turm sind bemerkenswert: die vier Zifferblätter sind Mosaikarbeiten in Gold und Blau, mit Tierkreiszeichen, welche die Ziffernringe umkreisen. Die Turmspitze und die Giebel tragen vergoldete Kugelaufsätze, an den Fußpunkten des Spitzhelms leiten steinerne Wasserspeier wie an mittelalterlichen Kathedralen das Dachwasser ab. In die Schallfenster des Glockengeschosses sind gefällige Balusterbrüstungen eingesetzt.

→ Maria Himmelfahrt von Südwesten (links) und Zifferblatt und Schallfenster des Glockenturms (rechts)

Die Außenwände von Chor, Turm und Langhaus sind schlicht, ohne Gliederungen verputzt und kalkweiß getönt. Einziger Schmuck ist eine aufgemalte Sonnenuhr an der Südseite. Die schlanken Fenster, die mit Spitzbögen abschließen, wirken wie eingeschnitten in das Mauerwerk. Die rote Ziegeldeckung der Dächer schafft einen kräftigen Kontrast zu den hellen Putzflächen und dem grünen Umfeld der Kirche. Ein Sockel aus roh behauenem Kalkbruchstein umzieht den gesamten Bau. Je eine Sakristei befindet sich im Norden und Süden des Chors. Mit ihren „geschleppten" Dächern schließen sich diese Anbauten organisch an den größeren Bauteil an. Der hohen westlichen Giebelfront der Kirche ist ein Vorbau mit Pultdach und einem profilierten spitzbogigen Westportal angefügt, das bei Trauungen und besonderen Einzügen in die Kirche geöffnet wird. Seitlich des Portalbogens erheben sich, auf Konsolen stehend, kraftvoll wirkende Steinbildwerke, links ein heiliger Leonhard mit einer Kuh und einem säugenden Kalb, rechts die heilige Magd Notburga. Diese vom Wiesseer Löblbauern gestifteten Werke von Karl Killer (1873 – 1948), im Dreiviertelrelief aus Kirchheimer Muschelkalk gearbeitet, bezeugen

die traditionelle Verehrung der bäuerlichen Heiligen, hier in einem zeitgenössischen monumentalen Stil. Auch die Figuren des gekreuzigten Christus zwischen den trauernden Gestalten seiner Mutter und des heiligen Johannes, eindrucksvoll vor die Leibung des Portals gesetzt, sind Werke Killers, der an der Münchner Kunstakademie als Professor wirkte und von Miller für die Ausgestaltung der Kirche interessiert werden konnte.

Bei den hölzernen Portalflügeln ist die große handwerkliche Qualität der Kunstschmiedearbeiten: Türbänder, Schlosskästen, Schlüsselschilder, wie auch der Bronzegusswerke, der Löwenköpfe sowie der Figur des heiligen Michael auf der Schlagleiste, bemerkenswert. Mühelos wird hier mittelalterliches Formengut mit solchem der zeitgenössischen Neuen Sachlichkeit verbunden. Diese Stiltendenz der 1920er Jahre wird an den geschmiedeten Gittern der seitlichen Vorhallenfenster, ebenso an den kleinen Fenstern der Giebelfront und der Sakristeien erkennbar. Diese Arbeiten gehen auf den örtlichen Kunstschmied Josef Albrecht († 1945), wohl nach Vorgaben von Miller, zurück. Dem sachlichen „Design“ der Zeit verpflichtet sind auch die geschmiedeten Wandlampen seitlich der beiden Portale.

Die zweigeschossige Portalvorhalle, die an der Südseite der Kirche vor die Langhausflucht tritt, ist als alltäglicher Zugang in das Innere des Sakralraums im Gebrauch. In ihre hohe Giebelfront ist ein weiteres qualitätvolles Figurenportal aus Kalkstein eingestellt, ein Werk des Münchner Bildhauers Julius Seidler (1867 – 1937), auch dieser ein Akademiekollege Rupert von Millers.

In das spitzbogige Portalgewände eingefügt sind Standfiguren des heiligen Nikolaus auf der linken und der heiligen Elisabeth von Thürin-

↑ **Maria Himmelfahrt, westliche Vorhalle mit Portal (links) und geschmiedeter Beschlag vom Westportal (rechts)**

→ **Maria Himmelfahrt, Portal der südlichen Vorhalle (links) und Tür der südlichen Vorhalle mit Schmiedearbeiten (rechts)**

gen auf der rechten Seite, beide unterlebensgroß. Ein Kind blickt zu dem heiligen Bischof auf und erwartet wohl eine Gabe. Nikolaus gilt aber auch als Schutzherr der Seefahrer und als Patron der Fischer. Ein Bezug zum Tegernsee ist damit gegeben. Elisabeth, die mildtätige, den Armen dienende fürstliche Heilige, tritt ebenfalls mit einem Kind auf. Den Pflanzenbaldachinen über den Köpfen der beiden Figuren entwächst Astwerk in typischer spätgotischer Darstellungsart, welches die Archivolten des Bogens ausfüllt.

Die beiden mit Kupferblech beschlagenen Türflügel weisen Schmiedearbeiten auf wie die Türdrücker, die Zugringe in Schlangengestalt und die kleinen Gitter der Einblicköffnungen.

Über dem Portal ist unter einem Schutzdach eine Reliefplatte mit Darstellung des heiligen Georg als Drachentöter eingelassen, ebenfalls eine Arbeit von Seidler aus Kalkstein, mit der Inschrift „Erbaut 1924–26". Michael als Schlangenüberwinder am West-, Georg als Drachentöter am Südportal bestimmte man offenbar als Beschützer an den Zugängen der Kirche. Beachtenswert an der Südseite der Kirche ist auch die „Nageltür" an einem nicht mehr benutzten Nebeneingang. In ihr hölzernes Türblatt sind zur Zeit des Ersten Weltkriegs Hunderte von Nägeln eingeschlagen worden, deren Köpfe sich zu Bildern, einem großen Kriegsschwert, Eichenlaubranken sowie den Jahreszahlen der Kriegsjahre ordnen. Die Tür, ein Dokument für einen aus späterer Sicht fragwürdigen Patriotismus, war 1916 bis 1918 am Gasthof zur Post aufgestellt. Jeder eingeschlagene Nagel war ein Beleg für eine geleistete Kriegsspende. Über einer weiteren Tür, dem Zugang zur ehemaligen Ministrantensakristei, jetzt Heizraum, befindet sich ein reizvolles Steinrelief, wahrscheinlich von Seidler, das einen dahineilenden Engel zeigt, der ein Weihrauchfass schwenkt.

Zurück zur gewölbten Vorhalle, zum inneren Südportal, wiederum von Seidler geschaffen und im Unterschied zu den äußeren grauen Kalk-

steinportalen in rotem Ruhpoldinger Marmor ausgeführt. In seinen Archivolten tummeln sich zehn musizierende und singende Kinderengel, erinnernd an Renaissance-Putten. Ein kindlicher Jesus thront über diesem fröhlichen Reigen, der ihm gilt und in dem selbst eine Maus und ein Spatz nicht fehlen.

Die hölzernen Türflügel besitzen kunstvolle Beschläge, vermutlich von Albrecht. Auf ihrer zum Kirchenraum zeigenden Rückseite erinnert eine Schnitzerei auf der Schlagleiste an Juliana Reisberger aus Tegernsee, der großherzige Stiftungen zum Kirchenbau zu verdanken sind.

Die gewendelte Treppe seitlich in der Vorhalle, abgeschlossen durch eine originelle Gittertür, führt zum Sängerchor bzw. zur Orgelempore. Die schlanke Marmormadonna beim Aufgang schuf der Bildhauer Karl Kroher.

Der Innenraum der Kirche erscheint erstaunlich weitläufig. Das Langhaus ist ein Rechtecksaal, dessen Raumbild durch das sichtbare, spitzbogig gewölbte und getönte Dachtragwerk, ein sogenanntes Sprengwerk, bestimmt wird. Über den weißen Wandflächen der Längsseiten des Saals mit ihren jeweils drei schmalen, hohen, das Licht gleichmäßig verteilenden Fenstern wölbt sich diese festlich erscheinende Decke.

Im Osten schließt sich der eingezogene, wesentlich niedrigere Chor an. Er öffnet sich im Spitzbogen zum Langhaus und wird von einem ungewöhnlichen sogenannten Zellengewölbe überdeckt. Seine Oberflächen sind ebenfalls weiß gehalten, drei Fenster sorgen für gleichmäßig helles Licht.

In die Westseite des Langhauses ist in ganzer Breite die Empore über vier roten Marmorsäulen eingestellt. Rückwärts wird sie von Marmor-

↑ Maria Himmelfahrt, Emporenaufgang in der Südvorhalle (links), inneres Portal der Südvorhalle (Mitte) und Putto mit Harfe am inneren Portal (rechts)

→ Maria Himmelfahrt, Inneres der Kirche, Blick zum Altar (oben) und Blick westwärts zur Empore (unten)

konsolen getragen. Ihre hölzerne Untersichtdecke zeigt ornamentale Schnitzereien. An den Raum unter der Empore schließt die kleine, durch das äußere und das innere Westportal geschlossene Vorhalle an. Auf der Empore ist der Lichteinfall, der einst durch das große westliche Rundfenster in den Raum eindrang, durch den Einbau des neuen Orgelprospekts von 1985 unterbrochen und das Raumbild dadurch leider verändert worden.

Im Langhaus liegt die Deckenkonstruktion den Mauerkronen der Nord- und Südwand sowie je sechs in diese Wände eingelassenen, figürlich bearbeiteten Steinkonsolen auf. Die spitzbogig gebildeten Tragbalken (Binder) steigen über je einem Konsolenpaar auf. In der oberen Hälfte sind ihre Schenkel durch horizontale und vertikale Hölzer versteift und an ihren Fußpunkten auf jeder Seite durch einen Auflagebalken verbunden, der von den Konsolen getragen wird. Auch die waagerecht zwischen den Bindern angesetzten Riegel dienen der Aussteifung dieses kunstvollen Zimmermannswerkes. Eine Bretter-Leisten-Schalung, farbig gefasst, die Bretter im tiefen Blau, im warmen Rotbraun die Leisten, liegt den Bindern auf, die gleichfalls rotbraun hervorgehoben sind. Zierformen wie Rosetten, Knöpfe, ornamentale Flachschnitzereien und eingekerbte Inschriftbänder mit Psalmtexten sind zum Teil vergoldet und bereichern diese großartige Decke, deren Vorbilder u.a. in mittelalterlichen Bettelordenskirchen zu finden sind. Das Zellengewölbe des Chors ist eine in Bayern nicht übliche spätgotische Wölbart der Zeit um 1520. Miller könnte auf Studienreisen in Böhmen und Sachsen auf diese, auf gewölbte Rippen verzichtende Sonderform aufmerksam geworden sein. Er ließ das Gewölbe allerdings nicht in historischer Technik mit Ziegeln, sondern mit armiertem Beton herstellen und verputzen. Im Wechsel von Licht und Schatten in den tief und scharf eingeschnittenen „Taschen" dieser Gewölbe liegt ihr besonderer Reiz. Im Gewölbescheitel zeigt sich, in Stucktechnik und gelb hervorgehoben, die Heilig-Geist-Taube im Kranz von Lichtstrahlen und pfingstlichen Feuerzungen.

↑ **Maria Himmelfahrt, offenes Dachwerk des Langhauses (links) und Aufblick in das Zellengewölbe des Chors (rechts)**

Im Jahr 1956 wurde der 1926 geweihte Hochaltar der Kirche um den figurenreichen großen Altaraufsatz (Retabel) erweitert. Der ältere Teil besteht aus dem massiven Altarträger (Stipes) und der steinernen Mensa, deren vorderer Überstand von vier roten Marmorsäulchen getragen wird. In seine Front (Antependium) sind drei Mosaikfelder mit christlichen Symbolen eingelassen, die zwischen den Säulen sichtbar werden. Auf der Mensa stand der Tabernakel und darüber dominierte, aus dem Chorgewölbe herabhängend, der große gotische gekreuzigte Christus, der um 1956 einen neuen Platz an der Langhaus-Südwand erhielt.

Diese ursprüngliche Gestaltung des „Liturgischen Ortes" erschien Rupert von Miller und seinen Künstlerkollegen angemessen und im Einklang mit dem Charakter des Sakralbaus. Sie entsprach auch dem Stilwollen der Erneuerer der christlichen Kunst in den 1920er Jahren. Offensichtlich bewegten sich aber die Bedürfnisse der Gemeinde schon in der nachfolgenden Generation in eine andere Richtung.

Das Retabel mit den geschnitzten und gefassten Figurengruppen des Münchner Bildhauers Franz Lorch (1899–1970) erinnert an spätgotische Vorbilder. Es weist einen zentralen Schrein auf, der entsprechend dem Patrozinium der Kirche die reich vergoldete, zum Himmel auffahrende Figur Mariens, umgeben und geleitet von Engeln, enthält. Im Schreinfeld darüber, das mit einem Treppengiebel abschließt, erscheinen die Heilige Dreifaltigkeit in Gestalt von Christus, Gottvater und der Taube und zu beiden Seiten in kleineren Proportionen das erste Menschenpaar Adam und Eva sowie Joachim und Anna, die Eltern Mariens. An den beiden Seitenwänden des Schreinkastens sind übereinander, auf Konsolen stehend, Heiligenfiguren, die Bischöfe Korbinian und Bonifatius, darunter Florian und Sebastian und schließlich Quirinus und Johann Nepomuk angebracht.

Der Altaraufbau erhebt sich zwar über einer Predella, gleichwohl wurde das Bodenniveau des Chorraums in Zusammenhang mit der Aufstellung erhöht und kurz danach bei der Errichtung eines Volksaltars nochmals verändert. Dabei wurde auch die Kommunionbank aus Marmor entfernt.

Im Chorraum sind die beiden Sakristeitüren aus der Bauzeit bemerkenswert. Die glatten Oberflächen ihrer Rotmarmor-Einfassungen stehen im Kontrast zu den grob behauenen vorspringenden Bossen, die

sich auch am inneren Süd- und inneren Westportal beobachten lassen. Eine weitere Ausarbeitung als Relief war wohl vorgesehen, unterblieb aber aus nicht mehr bekannten Gründen.

Von den Kunstschmiedearbeiten interessieren vor allem die höchst originelle Aufhängung der Meßglocke, in welche eine aus Eisenblech ausgeschnittene Figurengruppe, ein Priester und zwei Ministranten, wie ein Scherenschnitt wirkend, integriert ist. Mit Schnitzereien sind die beiden dreiteiligen Chorbänke mit ihren hohen Rückwänden (Dorsalen), die Türblätter und das Gruppenfenster des Oratoriums verziert. Die hölzerne Inschrifttafel an der Südwand erinnert an die Weihe der Kirche durch Michael Kardinal von Faulhaber am 10. Oktober 1926. Nach nur eineinhalb Jahren Bauzeit konnte dieses Fest gefeiert werden. Bereits 1925 war der Rohbau fertiggestellt und an Weihnachten desselben Jahres waren erstmals vier gestiftete Glocken geläutet worden. An erster Stelle der Tafel wird der Expositus Johann Nepomuk Gansler, seit 1942 Ortspfarrer, genannt, der seit 1922 die führende Kraft bei der Finanzierung und Durchführung des Kirchenbaus gewesen war.

Im Langhaus wurden die an beiden Seiten der Chor-Stirnwand angeordneten Seitenaltäre, der Marien- und Josefsaltar, 1976 reduziert bzw. als solche aufgelassen. Es wurden danach Wandnischen, hervorgehoben durch Ornamente, kirchliche und Handwerkerzeichen in Stuck angelegt. Links ist eine 2003 gestiftete sitzende Maria mit Kind davor aufgestellt worden. Die geschnitzte, frühbarocke Figur wird dem Weilheimer Bildhauer Hans Degler (um 1564/65 – 1636) zugeschrieben. Rechts ist zur Zeit ein auferstandener Christus des 19. Jahrhunderts vor der Nische aufgestellt. Die Kanzel an der Nordwand ist eine noble Schöpfung Karl Killers in rotem Marmor aus dem Jahr 1926. Der polygonale, nach unten spitz auslaufende Corpus zeigt im Dreiviertelrelief nach alter Tradition die vier Evangelisten, sitzend, mit ihren Attributen Engel (Matthäus), Löwe (Markus), Stier (Lukas) und Adler (Johannes). Die klassischen fließenden Faltengewänder der Figuren, ihre Beseeltheit und ruhig ergebene Haltung kennzeichnen dieses eindrucksvolle Werk. Die Heiligenschreine, Inschriften und Blattfächer an den Figurenkonsolen sind vergoldet und verleihen der Kanzel damit eine feierliche Note. Eine Marmorplatte mit angebrachter Engelsgruppe in Bronze bildet die Rückwand der Kanzel und ihr vergoldetes zylindrisches Dach, eine Metallarbeit, wird von zwei Konsolen in Marmor getragen. In die Marmorbrüstung am Übergang vom Corpus zum internen Treppenaufgang ist eine vergoldete Inschrift mit den Aussendungsworten Christi: „Gehet hin und lehret alle Völker“ eingemeißelt. Eine seitlich angebrachte Inschrift nennt die „Posthalter“ I. und R. Steinberger vom Gasthof zur Post als Stifter der Kanzel.

← Maria Himmelfahrt, Hochaltar (links) und Sakristeiportal, Messglocke, Teil des Chorgestühls (rechts)

↑ Maria Himmelfahrt, Kanzel (links) und der Evangelist Johannes am Kanzelcorpus (rechts)

Der lebensgroße gotische Kruzifix des 15. Jahrhunderts, 1951 restauriert, ist gegenüber der Kanzel an der Wand befestigt. Die Rippen des Corpus sind expressiv herausgearbeitet, der Gesichtsausdruck erscheint schmerzvoll. Das Schnitzwerk soll aus dem Tegernseer Kloster stammen. Das Laiengestühl, zwei große Bankblöcke, entstand 1926. Die Bankwangen sind mit heimatlichen Pflanzen in Kerbschnitzerei verziert. Aus der Bauzeit sind auch die hölzerne Sockelverkleidung der Wand und zwei Beichtstühle unter der Empore erhalten.

↑ Maria Himmelfahrt, mittelalterlicher Kruzifix

Besondere Beachtung verdienen die Schmuckfußböden der Kirche. Treppen und Podien im Chor sind durch roten Marmor hervorgehoben, ebenso die Antritte der ehemaligen Seitenaltäre. Mit hellen Solnhofer Platten sind der Mittelgang und die Seitengänge im Langhaus belegt, an den Rändern begleitet von dunklen Friesen. Eingelegte Mosaikfelder mit christlichen Symbolen bilden einen besonderen Schmuck. In der Mittelachse sind das alte christliche Fischsymbol, die Schlange des Sündenfalls und die Arche Noah zu erkennen, im Quergang ein Einhorn und der Hirsch als Symbole der Reinheit und der heilstiftenden Quelle, unter der Empore der Jordanfluss und das Kreuz. Sie sind ebenso wie die Mosaiken am Altarantependium Arbeiten der Vereinigten Süddeutschen Werkstätten für Mosaik, München/Solln.

Von den Ausgestaltungen der Kirche, die noch zur Zeit ihrer Weihe oder kurz danach erfolgen konnten, sind die kassettierte, im Farbkanon der Langhausdecke gehaltene Emporenbrüstung mit den 15 geschnitzten, dort angebrachten musizierenden Engeln von Karl Kroher und der Tragbalken der Brüstung mit einer eingeschnittenen, vergoldeten Inschrift zu nennen, darüber hinaus die Kapitelle der Emporensäulen, die äußeren ornamental, die inneren von Karl Killer mit Darstellungen aus der Schöpfungsgeschichte, der Vertreibung aus dem Paradies und der Landung der Arche Noah. Das Wandgemälde des Allgäuer Malers Ludwig Magnus Hotter (1892 – 1962) über dem Südportal entstand 1930. Es zeigt die Heilige Familie vor dem Tegernsee mit hinzutretenden und anbetenden Einwohnern in der lokalen Tracht.

Der bronzene polygonale Taufkessel von 1926, nach Entwurf von Karl Killer, zeigt auf seinen Außenseiten nach alter Bildtradition acht fröhliche Taufkindlein, darüber hinaus die Taufformel als Umschrift. Sein 2007 gestohlener kuppelartiger Deckel wurde 2012 durch eine Nachbildung ersetzt. Den bronzenen Weihwasserkessel entwarf Rupert von Miller, der auch als Bildhauer arbeitete, im Jahr 1929. Er trägt eine Inschrift mit Datierungen und Darstellungen mit Fischen und Wasserwellen.

Eindrucksvolle Arbeiten sind auch die beiden Opferstöcke, nach altem Herkommen mit geschmiedeten Eisenbändern diebstahlsicher umgürtet.

An Änderungen oder Ergänzungen seit 1954 sind noch anzuführen die Anbringung eines Figurenzyklus' im Jahr 1980 vom örtlichen Bild-

Maria Himmelfahrt, Kapitell einer Emporenstütze mit Schöpfungsgeschichte (oben), Schmuckfußboden des Mittelgangs mit Mosaikintarsien (links) und Wandbild mit Anbetung der Hirten (unten)

schnitzer Franz Trinkl (1944 – 2004), die zwölf Apostel, Maria und Paulus umfassend, der Kreuzwegzyklus in Hinterglasmalerei, sechs in die Langhausfenster eingesetzte Glasgemälde mit Heiligendarstellungen im Jahr 1956 und die neue Sandtner-Orgel von 1985.

Außerhalb der Kirche, vor ihrer Westseite, ist ein großes Ensemble mit der Kriegerglocke, dem alten Pfarrhaus von 1934, mit dem Friedhof, mit Erinnerungs- und Gedenkorten ausgebreitet, das weit im Hintergrund vom Hirschberg (1.670 Meter) und der markanten Zackengestalt des Ochsenkamp (1.594 Meter) rahmend abgeschlossen wird. Nicht erkennbar ist die Millerkapelle, die hinter dem Bergfriedhof an der an Wasserquellen reichen Leiten liegt.

Die 1952 in ein freistehendes Stahlgestell eingehängte ***KRIEGERGLOCKE** besitzt ihre eigene, merkwürdige Geschichte. Sie wurde 1910 in der Miller'schen Gießerei in Bronze gegossen und war laut Inschrift ein Geschenk der Familie an Fritz von Miller zum 70. Geburtstag. 1925 war sie zur Hängung im neuen Kirchturm vorgesehen, was sich als nicht durchführbar erwies, weil bereits gestiftete Stahlglocken angeschafft worden waren, deren Klang nicht mit dem Ton der Bronzeglocke harmoniert hätte. 35 Jahre nach ihrem Guss wurde die zurückgehaltene Glocke unter den Trümmern der im Bombenkrieg verwüsteten Münchner Gießerei aufgefunden und Pfarrer Gansler übergeben, der die Hängung im Freien veranlasste und dem die Sinngebung als Kriegergedächtnis- und Friedensglocke zu verdanken ist.

Eine bedrückende Erinnerungsstätte nahe der Kirche, ein Feld mit gleichartigen Holzkreuzen, hält das Andenken an meist noch sehr junge Kriegsgefallene und vermisste Soldaten des Zweiten Weltkriegs, die aus der Pfarrei stammen, wach. Auch an Harald Dohrn und Hans Quecke wird erinnert, die der antifaschistischen „Freiheitsaktion-Bayern" nahestanden und deswegen am 29. April 1945, eine Woche vor Kriegsende, in München hingerichtet wurden.

Das alte ***PFARRHAUS**, Fritz-von-Miller-Weg 5 , wurde nach Vorschlag von Rupert von Miller 1934 südwestlich etwas unterhalb der Kirche erbaut. Der Putzbau mit Halbwalmdach erinnert an ländliche Pfarr- und Amtshäuser der Barockzeit, ist allerdings lediglich eingeschossig. An die Ostseite ist ein Vorbau in Art eines Steherkers angefügt, der bis über die Traufhöhe hochgezogen ist und dessen Frontseite die Figur einer Schutzmantelmadonna trägt. Mit der erzbischöflichen Erhebung von Bad Wiessee zur eigenständigen Pfarrei 1942 und damit der endgültigen Loslösung von Tegernsee wurde das Gebäude zum Pfarramt in vollem Wortsinn.

Auch der ***BERGFRIEDHOF**, Fritz-von-Miller-Weg, angelegt seit 1940, geht auf Planungen Millers zurück. Bauherr dieser Wiesseer Sehenswürdigkeit war die politische Gemeinde. In das hügelige Gelände des „Wasserpoint" ordnete Miller Gräberfelder mit meist gebogenen Umgrenzungen und Wegführungen ein, vermied also bewusst die Rastersysteme herkömmlicher Friedhöfe. Miller leistete damit einen Beitrag zu einer damals neuen, anspruchsvollen Friedhofskultur.

Auf dem Friedhof sind die Angehörigen der alten Familien der Pfarrei begraben, deren Tote noch bis 1940 nach Tegernsee überführt werden mussten, weiterhin die Pfarrer und Bürgermeister des Ortes, führende Persönlichkeiten des Jod-Schwefelbads, Mediziner, Künstler, hohe Militärs wie Werner von Blomberg und Albert Kesselring, Nachkommen des Dichters Ludwig Ganghofer, Rupert von Miller, der Philosoph und Literaturwissenschaftler Ludwig Marcuse und der Bundesminister Josef Ertl.

Vor dem Haupteingang befindet sich seit 1959 eine Stele mit einer Marienfigur, einem Steinguss-Hochrelief von Julius Seidler. Am Eingang selbst gibt eine Tafel Orientierung über den Friedhof und ausgewählte Grabplätze. In der Nähe der Priestergräber ist ein Kruzifix von 1905 aufgestellt, der sich lange vor ihrem Baubeginn am späteren Standort der Kirche erhob.

Die ***MILLERKAPELLE**, Fritz-von-Miller-Weg, ist ein ebenso romantischer wie frommen Sinn bezeugender Endpunkt des Erkundungsgangs zur Pfarrkirche und ihrem Umfeld. Sie wurde nach den Vorstellungen des erst

→ Links oben: Blick von der Kirche zum Bergfriedhof, im Hintergrund der Ochsenkamp
Links unten: Sogenannte Kriegerglocke

Rechts oben: Neugotisches Friedhofskreuz
Rechts Mitte: Grabstein Rupert von Miller
Rechts unten: Pfarrhaus von Osten

HIER RUHT IN
GOTTES FRIEDEN
RUPERT VON MILLER
*10.2.1870 MÜNCHEN
†30.12.1951 WIESSEE
ARCHITEKT u. BILDHAUER
ERBAUER DIESER KIRCHE
GESTALTER DIESES
FRIEDHOFES
Dr FRANZ STEINER
* 22.8.1920 † 1.1.1965
ELLA VON MILLER
* 26.6.1899 † 27.3.1964
MARTHA VON MILLER
* 2.6.1923 † 14.11.2001
ALEXANDER BEYER
GABRIELE BEYER
GEB. VON MILLER
*15.12.1921 †27.6.2002

UNSEREN
KRIEGERN

21-jährigen Rupert von Miller mithilfe seiner Geschwister zur Erinnerung an die silberne Hochzeit seiner Eltern Fritz und Rosina von Miller im Jahr 1900 erbaut, wie die in Latein verfasste Inschrift am altarartigen Sockel besagt, der eine große Muttergottesfigur unter einer Rundbogenarchitektur trägt. Der Bildstock – so die korrekte Bezeichnung – liegt etwa 1,5 Kilometer westlich des von Fritz von Miller 1894 erworbenen Kainzenhofs, oberhalb des Bergfriedhofs an der „Leiten", unter mächtigen Fichten, auf Miller'schem Grund.

Es handelt sich um einen nach Osten offenen, verputzten Giebelbau mit Tonnengewölbe. Die Stirnwand der Wölbung und das aufliegende Satteldach greifen weit nach vorn aus, ihre Last wird über Konsolen auf ein freistehendes gedrungenes Säulenpaar gelenkt, das sich über Sockeln erhebt. Die Säulen mit ihren Kapitellen, der Rundbogenrahmen der Rückwand und die stehende Reliefﬁgur der Maria, der die Kapelle gewid-

met ist, sind im romanischen Stil gehalten. Die Bauglieder und die Skulptur mit seitlich zugeordneten Anbetungsengeln sind farbig gefasste Gusssteinarbeiten, das Gewölbe ist in Blau getönt.

Das in der Miller'schen Erzgießerei entstandene Bronzerelief an der Giebelstirn mit Darstellung des Gnadenstuhls (Gottvater mit dem toten Christus) wurde nach glücklicher Heimkehr von Paul von Miller aus dem Ersten Weltkrieg von seiner Mutter gestiftet: Zwei weitere Miller-Bronzen erinnern an 1915 und 1916 gefallene Mitglieder der Familie. Der Bildstock, der jährlich das Ziel von Maiandachten ist, erhielt damit auch die Bedeutung einer Kriegergedächtnisstätte. Über hundert Jahre alte Fichten und Buchen umstehen dieses eindrucksvolle Denkmal.

Auf dem nun nach Norden sich absenkenden Weg und unterhalb ostwärts auf kleinen Straßen findet man in kurzer Zeit zur Ortsmitte (Lindenplatz) zurück. Lohnender ist es aber, auf dem Fritz-von-Miller-Weg zurückzukehren. Dieses Sträßchen und ein kleiner Umweg durch den Bergfriedhof, in welchen man auch durch das obere Tor eintreten kann, bieten prächtige Ausblicke auf die Kirche, den Ort, den See und das jenseitige Ufer. Auf dem Steig an der Nordseite der Kirchenterrasse gelangt man zur Sanktjohanserstraße und zur Ortsmitte zurück.

← **Millerkapelle, Fritz-von-Miller-Weg**

↑ **Bronzerelief an der Millerkapelle**

4. STREIFZUG (2,7 KILOMETER)

DAS KURVIERTEL

Ein „Kurviertel" hätte man noch in der Zeit um 1900 in der damaligen Bauerngemeinde Wiessee vergeblich gesucht. Doch in dem ausgedehnten, einst nahezu unbebauten Ortsbereich nördlich des Lindenplatzes, der Mitte des Ortes, entstanden nach der Entdeckung einer heilkräftigen Jodschwefelquelle am 27. Mai 1909 zügig in den 1920er und 1930er Jahren Bade- und Kureinrichtungen, Promenaden und Parks, Kurpensionen und Hotels sowie die evangelische Kirche. „Bad Wiessee" – so amtlich seit 1922 – erfreute sich großen, auch internationalen Zulaufs und warb selbstbewusst mit dem Attribut „Weltbad". Allein 1935 wurden 150.000 „balneologische Anwendungen" gezählt.

Seit den 1950er Jahren wuchs der Kurbetrieb erneut stark an, wurden Kurbauten und Hotels modernisiert, 1955 ein „Haus des Gastes", 1959 eine zweite katholische Kirche und 1969 ein Spielkasino erbaut.

Gegenwärtig steht der Betrieb des Jod-Schwefelbads vor gravierenden funktionellen und damit auch baulichen Veränderungen. Der Rückgang der herkömmlichen balneologischen Behandlungen und damit der Kurgäste-Übernachtungen als Folge von gesundheitspolitischen Reformen seit den 1990er Jahren zwingt dazu, den besonderen Wiesseer

Schatz, sein heilkräftiges Quellwasser, in zeitgemäßer Weise anzubieten. Die Gemeinde hat 2011 von den holländischen Eigentümern das Terrain, die Quellen und die baulichen Anlagen des Jod-Schwefelbads erworben und sich zum Bau eines anspruchsvollen neuen Badehauses, verbunden mit einem Gesundheitszentrum und einem modernen Hotelbetrieb, entschlossen. Die traditionellen Bad Wiesseer Anwendungen werden in modernisierter Weise im Gesundheitszentrum weiter gepflegt.

Der Spaziergang durch das Kurviertel verläuft von der Uferpromenade nahe der Ortsmitte in nördlicher Richtung entlang dem Seeufer, quert dann westwärts den alten Badbereich und hat danach den Kirschbaumhügel mit der Friedenskirche zum Ziel. Man besucht dann die Antoniuskirche, die westlich der Münchner Straße liegt, und kehrt zwischen Hotels, wie dem „Rex“, Landhäusern und Pensionen in südöstlicher Richtung zum Ausgangspunkt zurück.

Von der Königslinde am Lindenplatz sind es nur wenige Schritte bis zur 1929 angelegten **SEEPROMENADE**, die sich von Altwiessee im Süden bis zum Strandbad Grieblinger im Norden hinzieht. Der Tegernsee bildet hier, am Beginn unseres Streifzugs, eine Bucht aus, an deren Uferrand sich die Anlegestelle der Bayerischen Seenschifffahrt, ein Bootsverleih, der Musikpavillon, Caféterrassen und -gärten sowie ganze Batterien von Ruhebänken befinden. Man kann Skulpturen und andere Kunstwerke sowie einen nach dem Erfinder der Blindenschrift benannten Louis-Braille-Garten studieren oder den Blick auf den See, das jenseitige Ufer und den Wallberg genießen.

← Seepromenade mit Musikpavillon

↑ Links: Anlegestelle der Seenschifffahrt
Rechts: Blick nach Süden, Richtung Altwiessee

In nördlicher Richtung wechselt man aus diesem stets belebten Bereich in ein parkartiges Gelände mit altem Baumbestand, hinter welchem ein neues, mit seinen drei Flügeln zum See geöffnetes, gehobene Ansprüche erfüllendes Hotel im Entstehen ist. Dieser zeitgemäße Hotelbau eines privaten Unternehmers wird sich auf der Brachfläche der 2005/06 abgebrochenen und an das nördliche Ortsende verlagerten Spielbank ausdehnen, darüber hinaus auf den Parzellen der ebenfalls abzubrechenden Gebäude des „Hauses des Gastes" von 1955, des Hotels Wittelsbach aus der Zeit um 1900 und vor allem des **HOTELS LEDERER**, erbaut 1925/26 als Kurpension Hanselbauer von dem in Bad Wiesssee viel beschäftigten Architekten Hermann Lang. Dieser viergeschossige, an einer gegen den See vorrückenden Landspitze aufragende Bau galt zur Entstehungszeit als „erstes Haus" am Ort. Schon vor der Machtergreifung Adolf Hitlers 1933 war es ein Treffpunkt von prominenten Nationalsozialisten, vor allem von SA-Führern. Am 30. Juni 1934 stürmte Hitler, begleitet unter anderem von Joseph Goebbels und Rudolf Heß, Zimmer 7 des Hotels, in welchem sich sein alter Kampfgefährte, der Stabschef der SA Ernst Röhm (1887 – 1934), aufhielt. Er bezichtigte ihn des Putschversuchs und verhaftete ihn unter Androhung von Waffengewalt. Am gleichen Tag wurden weitere „Verräter" ohne gerichtliche Verfahren im Gefängnis München-Stadelheim erschossen, am 1. Juli 1934 wurde Röhm im KZ Dachau zum Selbstmord gezwungen. Dem sogenannten Röhmputsch und weiteren mörderischen Übergriffen Hitlers auf Gegner fielen im Juni/Juli 1934 über hundert Personen in München, Berlin und Dresden zum Opfer.

↑ Seepromenade, Blick nach Norden mit Fontäne

→ Oben links: Ehemaliges Hotel Lederer

Oben rechts: Visualisierung des zukünftigen Hotels an der Seeuferpromenade, Architekt Eitzenberger
Unten: Seeuferlandschaft an der Neureuthstraße

Das Hotel mit seinen charakteristischen hölzernen Balkons und Erkerausbauten war seit 1936 im Besitz der Familie Lederer. Es musste 2009, nicht zuletzt wegen Hochwassergefährdung, schließen. Der historische Ort und die dortigen Geschehnisse erinnern an das Ende rechtsstaatlicher Verhältnisse im nationalsozialistischen Führerstaat.

Unser weiterer Weg am Ufer bietet grandiose Aussichten über den See hinweg zum spitzen Egerner Kirchturm im Süden, zum Ostufer mit der Doppelturmfront der Tegernseer Klosterkirche und zur Ufer- und Hangbebauung des Ortes sowie weiter nördlich zur kleinen Kirche von St. Quirin. Im Norden bemerkt man die Gmunder Kirche mit ihrer kraftvollen Turmzwiebel und den Gutshof Kaltenbrunn.

Das wild-natürliche Baum- und Buschwerk des unbebauten Geländes links des Uferwegs ist ein erhaltener Rest der alten Uferlandschaft, ein Biotop aus der Zeit vor der baulichen Verdichtung.

Beim Wegweiser „Neureuthstraße", vor einer weiteren vom Hotel „Terrassenhof" beherrschten Ausbuchtung des Sees, verlässt man das Ufer

westwärts, passiert einige kleine Villen und gelangt an die breite, in den 1920er Jahren angelegte Adrian-Stoop-Straße, die Haupt- und Erschließungsachse des Kurviertels. Nach der Querung findet man rechts versetzt ein Schild „Fußweg zur Evang. Kirche/Münchner Straße", das zunächst in eine Lindenallee weist (bis zu dieser Stelle 1 Kilometer).

Von diesem Bereich aus lässt sich das alte wie auch das zukünftige Jod-Schwefelbad, der Kern des Kurviertels, am besten überblicken. Vor uns dehnt sich ein Parkbereich aus, der **KURGARTEN**, dem sich Gebäude der 1930er Jahre wie auch der Gegenwart, harmonisch aufeinander abgestimmt, zuordnen.

Der achteckige weiße Putzbau mit Holzschindeldach und bekrönender Zwiebelhaube, der sich im Parkgrün freistehend zeigt, erhebt sich über der ***„KÖNIG-LUDWIG-III.-QUELLE"**, auf welche man am 27. Mai 1909 bei einer Tiefenbohrung stieß. Man hatte mit Erdöl gerechnet, traf aber in 703,80 Metern Tiefe auf eine starke Jodschwefelquelle, den „Urquell" des Heil- und Kurbads.

Zu erinnern ist erneut daran, dass erstmals ein Tegernseer Mönch im Jahr 1441 eine merkwürdige flüssige Substanz beim westlichen Seeufer wahrnahm (siehe auch Streifzug 1, 6, 9). Er befand sich am Ostufer bei der soeben von uns aus der Ferne betrachteten kleinen Kirche St. Quirin, in der er die Messe gelesen hatte, und bemerkte einen auf der Oberfläche des Sees schwimmenden Ölfilm, der vom Westufer herantrieb. Mit einem Begleiter fuhr er im Boot hinüber und entdeckte beim Rohbognerhof (Rohbogner Weg, jetzt Golfplatz) die Quelle, aus welcher die ölige Flüssigkeit austrat, die, nachdem sie in der Klosterapotheke näher untersucht worden war, als Oleum Sancti Quirini benannt und als Heilmittel, wirksam bei Augenleiden, Kopfschmerz, Husten und Fallsucht abgegeben wurde.

Für dieses Rohbogner Öl interessierte man sich erneut im frühen 19. Jahrhundert, man sprach nun, profaner, von Erdöl, Steinöl und Petro-

→ Oben links: Quellentempel, historische Abbildung
Oben rechts: König-Ludwig-III.-Quelle (Pumphaus)
Mitte: König-Ludwig-III.-Quelle, Fragmente der Pumpanlage
Unten: Die Gebäude des alten Jod- und Schwefelbads nach Südosten

leum und benötigte es als Leuchtmittel, Kraftstoff und Wagenschmiere. Bergmännisch und mittels Bohrungen waren private Unternehmer und Gesellschaften, welche dafür Rechte erworben hatten, in Rohbogen und südöstlich unterhalb am See bei der damaligen Einöde Moos auf Erdölsuche. Historische Fotos der Zeit um 1900 zeigen bis zu zwölf Bohrtürme, primitive Holzkonstruktionen, wo heute die Adrian-Stoop-Straße verläuft. Sie erinnern an zeitgleiche Motive von Ölfeldern in Texas und Baku.

1903 traf der erfahrene holländische Bergbauingenieur Adrian Stoop (1865 – 1935), Direktor einer Ölgesellschaft, in Wiessee ein. Er hatte von den Ölvorkommen im Ort erfahren und erwarb Bohrrechte. Seine „1. Bayerische Petroleumgesellschaft" von 1907 konnte einige hunderttausend Liter Erdöl gewinnen, das durch Pipelines nach Gmund gelangte, wo der weitere Transport mit der Eisenbahn erfolgte.

Bei Stoops Bohrturm 3 kam es 1909 zu der genannten Entdeckung der Jodschwefelquelle. Nachdem man deren Bedeutung erkannt hatte, ersetzte man bald darauf das grobe Gerüst des Bohrturms durch einen kleinen „Quellentempel", einen Rundbau, welcher ein Brunnenbecken mit einem zierlichen Eisengitter umschloss und ein originelles Schirmdach trug. Aus dem Becken sprudelte das Wasser der Quelle in die Höhe.

Obwohl Stoop seine Erdölsuche am Ort erst 1927 endgültig aufgab, hatte er erkannt, dass das Heilwasser, nicht das Öl, die weitere Wiesseer Zukunft bestimmen würde, folglich führte seine „Petroleumgesellschaft" schon ab 1914 den Namen „Jod- und Schwefelbad Wiessee GmbH".

Der Quellentempel wurde später durch einen hölzernen Bau ersetzt, dem wiederum der dritte, noch heute bestehende Bau folgte, der die Pumpenanlagen aufnahm, die zum Teil erhalten sind. Die „Ludwigsquelle" wurde wegen unregelmäßigem Wasserdruck allerdings 1979 geschlossen. Ihr Ausfall wird durch die 1930 erbohrte Wilhelminaquelle und die Adrianusquelle von 1974, beide in der Nähe an der Wilhelminastraße, kompensiert.

In der Frühgeschichte des Kur- und Heilbads nimmt neben Stoop der Arzt Dr. Erwin von Dessauer (1861 – 1938) einen wichtigen Platz ein. Er hatte um 1909 sofort die balneologische Bedeutung der entdeckten Quelle erkannt und empfahl zunächst Wannenbäder und Trinkkuren. Schon 1910 konnte man zwei Badekabinen mit Holzwannen anbieten.

1911 wurden bereits 2.000 absolvierte Bäder gezählt. Durch den Gmunder Baumeister Josef Degano (1887 – 1960) ließ Stoop 1912 ein erstes repräsentatives **BADEHAUS** nahe dem Quellentempel errichten, einen gestreckten erdgeschossigen Bau mit Halbwalmdach und einem quer eingestellten übergiebelten Eingangsbau. Er enthielt unter anderem zwölf Badekabinen und musste bereits nach kurzer Zeit erweitert werden, da allein 1913 bereits 10.000 Bäder verabreicht wurden. Südlich vom Badehaus entstand 1917 eine 62 Meter lange, östlich in Seerichtung offene Trinkhalle, eine Holzkonstruktionen, die nicht erhalten ist.

Große bauliche Veränderungen erfolgten in den 1930er Jahren. Das Badehaus wurde nach Nordosten bandartig verlängert und durch betriebstechnische Bauten wie die Wäscherei, das Heiz-und das Maschinenhaus ergänzt. Zwei Hochbehälter für Jodschwefel- und für Süßwasser wurden in der Gestalt von Türmen mit Pyramidendächern erbaut.

Der anspruchsvollste Bau dieser Zeit ist die von Architekt Bruno Biehler (1876 – 1955) erbaute, 1935 eröffnete ***TRINK- UND WANDELHALLE**, welche den hölzernen Vorgängerbau ersetzte. Das äußere Bild des in Nord-Süd-Richtung sich erstreckenden Trakts wird durch die lange Fensterfront an seiner Ostseite bestimmt, der eine Terrasse mit Blick zum See vorgelegt ist. Dem Übergang aus dem 75 Meter langen Hallenraum ins Freie dienen Fenstertüren, der Hauptzugang zur Halle erfolgt über einen Eingangsbau mit dem Charakter eines großen ***TORHAUSES**. der dem nördlichen Ende der Halle seitlich beigestellt ist und an seiner Ostseite an das alte Badehaus anschloss.

↑ **Links: Altes Badehaus nach Umbauten der 1930er Jahre**
Rechts: Wandelhalle, Terrasse und Torbau von Süden

Oben links: Fensterfront der Wandelhalle
Oben rechts: Inneres der Halle, 1930er Jahre
Mitte: Inneres der Halle, Nord nach Süd
Unten links: Eingangsbau mit Balkon und Wandgemälde
Unten rechts: Eingangsbau, Balkongitter

Dieser südwärts auf die Terrasse ausgerichtete Bau von Biehler trägt ein Zeltdach mit aufgesetzter Zwiebelhaube. Sein Obergeschoss, mit großen Fenstern und Balkonaustritt, ist von herrschaftlicher Wirkung. Die geschmiedete Balkonbrüstung zeigt ein bayerisches Rauten- und das holländische Wappen, das an die Herkunft der früheren Eigentümer erinnert, darüber hinaus die Datierung 1934. Über dem Balkon befindet sich eine Uhr, umgeben von einer Wandmalerei der Künstlerin Annemarie Nägelsbach. Zu erkennen sind ein Zifferblatt und ein junges Paar in Oberländer Tracht, zwischen denen ein Spruchband aufgespannt ist mit der werbenden Inschrift: „Zu rechter Zeit Jod zu keiner Zeit Not". Zwei am Boden hockende Gestalten bedürfen offensichtlich der Heilung. Das Portal des Gebäudes wurde in den 1970er Jahren leider verändert.

Dem Hauptaufgang auf die Terrasse im Norden, einer Treppe in Nähe des Eingangsbaus, ist die große steinerne Figur einer sitzenden ***QUELLNYMPHE** zugeordnet, ein um 1935 entstandenes Werk des Bildhauers und Architekten Fritz Schmoll gen. Eisenwerth (1883 – 1963).

Die Terrasse war in den 1930er und wiederum seit den 1950er Jahren beliebter sommerlicher Aufenthaltsort der Kurgäste. Der ***MUSIKPAVILLON** am südlichen Ende, ein kleines, 1935 entstandenes Bauwerk Biehlers, erinnert an die Kurkonzerte. Acht freistehende Stützen aus Stampfbeton tragen das Kegeldach des oktogonalen, teils offenen und teils verglasten Baus.

Ein weiteres, das Motiv des heilenden Wassers aufgreifendes Kunstwerk ist der bronzene ***SCHALENBRUNNEN** in dem kleinen, von Mauern ein-

↑ Links: Musikpavillon auf der Terrasse
Rechts: Quellnymphe an der Terrassentreppe

Oben: Geplanter Hoteltrakt an der Nordseite des Kurgartens, Blick von Osten (Adrian-Stoop-Straße), Visualisierung der Planung von Matteo Thun, 2017

Unten: Neues Badeshaus Wilhelminastraße, Visualisierung der Planung von Matteo Thun, 2017

gefassten Brunnenhof vor dem Südgiebel der Wandelhalle. Die Hauptfigur, das fröhlich im Spiel mit Enten beschäftigte „Brunnenbuberl", wurde nach einem Modell des Architekten der Bad Wiesseer Pfarrkirche von 1926, Rupert von Miller, laut Signatur 1938 gegossen.

Die 2017 eingeleitete, seit längerer Zeit geplante Erneuerung des Jod-Schwefelbads nach Plänen des Mailänder Architekten Matteo Thun sieht die Errichtung eines flachen, lang gestreckten, von Westen in Seerichtung verlaufenden Hoteltrakts vor. Die Wandelhalle mit dem angeschlossenen Theatersaal, die Terrasse und der Torbau, in dessen Nähe der neue Trakt ansetzt, stehen unter Denkmalschutz, werden erhalten und fach- und sachgerecht saniert.

Matteo Thun, geb.1952 in Bozen, ausgebildet als Architekt und Designer in Florenz und Salzburg, wurde vor allem durch seine Thermenanlage in Meran bekannt.

In Bad Wiessee gliedert er die Gesamtanlage in einen südlichen, vorwiegend öffentlichen Bereich mit dem Kurpark und der als Restaurant und Veranstaltungsraum zu adaptierenden Wandelhalle, einschließlich Terrasse und Pavillon, sowie in einen nördlichen, speziell Kurgästen und Interessenten an Heilkuren, sogenannten Gesundheitsurlaubern vorbehaltenen Teil. Erwartet wird hier ein Publikum, das auf die Wirkung von Naturheilverfahren und der traditionsreichen Balneologie vertraut. In

↑ **Brunnenhof mit Schalenbrunnen**

den beiden Gebäudetrakten dieses Nordteils wird sich auch ein medizinisches Zentrum für ambulante orthopädische Behandlungen niederlassen.

Das Hotel wird dem Publikum beider Bereiche, „normalen" Urlaubsgästen wie auch „Gesundheitstouristen", zur Verfügung stehen, der Eingangsbau, das „Torhaus" von 1934, wird als Rezeption dienen.

Nachdem das seit 1910 mehrfach veränderte Badehaus und seine späteren An- und Zubauten technisch, funktionell und baugestalterisch nicht mehr akzeptabel sind, ist die Beseitigung vorgesehen. Ein neues Badehaus nach den Planungen Thuns wird in einem dritten Bereich, weiter nördlich an der Wilhelminastraße, bei der leistungsstarken Adrianusquelle von 1974 entstehen.

Die heilsame und regenerative Kraft des Wassers wird hier – wie seit 1910 – mittels Wannen- und Besprühungsbädern sowie Inhalationen weiterhin gegen rheumatische Erkrankungen wie Arthrose, Kreislaufstörungen, Erkrankungen der Atemwege und Augen eingesetzt werden.

Nächste Station des Kurviertel-Streifzugs ist der Kirschbaumhügel, auf dem sich die Friedenskirche erhebt. Zu diesem westlich der Wandelhalle gelegenen Ort führt der „Jodbadweg", beginnend beim kleinen Brunnenhof am Südende der Halle. Er führt durch ein urtümlich erhaltenes Stück Seeuferlandschaft, ein Hochmoor-Biotop, zum Hügel. Unvermittelt trifft man dann auf die schlichte Giebel- und Eingangsfront der evangelisch-lutherischen ***FRIEDENSKIRCHE**, die über der Westseite des Hügels aufragt.

Elf Jahre nach der 1926 geweihten katholischen Kirche auf dem „Wasserpoint" im südlichen Ort war hier, im nördlichen Teil, die evangelische Kirche ebenfalls in Höhenlage entstanden. Im Hinblick auf die

↑ Links: Adrianusquelle, Pumpwerk
Rechts: Jodbadweg bei der Friedenskirche

Oben: Evangelisch-lutherische Friedenskirche, Außenbaugruppe von Südosten

Mitte: Innenansicht von Osten nach Westen

Unten links: Innenansicht von Westen nach Osten

Unten rechts: Außenansicht von Westen

Protestanten unter den Kurgästen und den Neubürgern, zu denen auch die holländischen Eigentümer des Bads zählten, war der Standort der Kirche überaus günstig. Die wachsende Gemeinde der Protestanten hatte sich seit 1931 in einem Hotelsaal, dann in einer Baracke versammelt und wurde von einem „Reiseprediger" aus Bad Tölz betreut. 1935 konnte der Grundstein zum bestehenden Sakralbau gelegt werden, an dessen Nordostseite ein kleines Wohngebäude für den Pfarrer angefügt wurde; die Weihe der Anlage erfolgte 1937.

Die Pläne für den Bau stammen vom Architekt Bruno Biehler, der 1932 einen entsprechenden Wettbewerb gewonnen hatte und 1934/35 auch die nahegelegene Wandelhalle und den Eingangsbau errichtete. Er war Vertreter eines sachlich-konservativen, an regionalen Bauformen orientierten Stils. Auf seine Planungen gehen auch die großen, in den 1930er Jahren entstandenen Kasernen in Lenggries, Mittenwald und Berchtesgaden zurück.

Die Friedenskirche tritt als betont schlichter, weißer Putzbau auf, der in West-Ost-Richtung die Hügelkuppe besetzt. Der Bau erhebt sich über längsrechteckigem Grundriss und trägt ein Satteldach. Der Altarraum im Osten schließt ohne besondere Hervorhebung geradlinig ab. An seine Südseite ist der Turm angeschlossen, der oberhalb der Glockenstube mit einer „landesüblichen", mit Holzschindeln gedeckten Zwiebelhaube bekrönt ist, die in einer langen Spitze ausläuft. Eine Windfahne in Gestalt eines fliegenden Engels mit Trompete und gemalte Zifferblätter schmücken den Turm, ein Wandgemälde von Annemarie Nägelsbach mit Darstellung des Evangelisten Johannes unter dem Gekreuzigten die Ostwand des Altarraums. Zu den wenigen Kunstwerken am Außenbau gehören auch eine bronzene Engelsfigur mit Spruchband über dem Eingang im Westen und unweit davon ein Steinpfeiler mit aufgesetztem Bronzekreuz.

Der Innenraum, den eine flache Bretterbalkendecke einheitlich überspannt, gewinnt besonderen Charakter durch die einseitige vor die nördliche Längswand eingestellte Empore, eine bemerkenswerte Zimmermannskonstruktion. Die Erinnerung an die typischen Emporeneinbauten in kleineren Kirchen des 17. und 18. Jahrhunderts vor allem in protestantischen Gebieten und besonders in Biehlers Herkunftsland Sachsen dürften den Architekten bei der Raumgestaltung geleitet haben.

Die unbehandelten, natürlichen Holzoberflächen der Decke und des Holzwerks der beiden Emporen – eine weitere, die kleine Sängerempore befindet sich an der Westseite über dem Eingang – erzeugen in Verbindung mit dem Rotton der Fußbodenplatten und dem Kalkweiß der Wände ein stimmiges Raumbild.

Die Ostteile des Kirchenraums entsprechen nach Umbauten 1989/90 nur noch eingeschränkt den sorgfältigen Gestaltungen Biehlers, nachdem der Altarraum abgesenkt wurde und das Pfeifenwerk einer neuen Orgel sehr dominant den für das Instrument vorgesehenen Nischenausbau beherrscht. Altartisch und Dreikreuze-Gruppe, beide von 1990, können sich vor diesem Hintergrund optisch nur schwer behaupten. Die Kanzel, auf den Stufen des Altarraums seitlich aufgemauert, stammt aus der Bauzeit und ist erhalten. An der Nordseite des Altarraums, östlich anschließend an die Empore, befand sich ein separater Raum, die heizbare „Winterkirche", eine originelle Idee Biehlers. Da dafür keine Notwendigkeit mehr bestand, wurde sie 1989/90 nach Abbau der Zwischenwände zur Taufkapelle umgebaut.

An der Südwestseite der Friedenskirche wurde 1979 ein Pfarr- und Gemeindehaus, auf zwei Ebenen in den Hügel eingefügt, errichtet. Unverändert ist dagegen die reizvolle südöstliche Ansicht des Kirschbaumhügels mit Kirche und altem Pfarrhaus, die man gewinnt, wenn man die Baugruppe auf der Nordseite umgeht und den Fuß des Hügels erreicht hat.

Hier verläuft unser Weg südlich, zwischen den ansehnlichen Klinik-, Kur- und Landhausbauten der Wallbergstraße, danach biegt man rechts, westlich, in die Hirschbergstraße ein, quert die stark befahrene Münchner Straße und erreicht nach wenigen Metern links die Dr.-Scheid-Straße. Südlich gehend, gelangt man an die Kirche St.Anton; alle Teilstrecken zwischen der Friedenskirche und dieser dritten Bad Wiesseer Kirche sind sehr kurz (800 Meter).

Ebenso wie die Friedenskirche ist auch die **KATHOLISCHE KIRCHE ST. ANTONIUS**, St.-Antonius-Straße 12, ohne die Entstehung und Entfaltung des Jod-Schwefelbads nicht denkbar. Seit 1941 sind Bestrebungen für den Bau einer zweiten katholischen Kirche im Norden des Ortes nachweisbar. Nicht nur mit dem allgemeinen Zuzug von Neubürgern, sondern auch mit der Einrichtung von Lazaretten im Kurteil zur Zeit des Zweiten Weltkriegs sowie der Verlagerung von Kliniken aus dem vom Luftkrieg besonders gefährdeten München wurde dies begründet. Erst 1949 konnte wenigstens eine „Notkirche“, eine aus dem Konzentrationslager Flossenbürg transferierte Baracke, im Westteil des Grundstücks des Hotels „Rex“, Münchner Straße 25, aufgestellt werden – eine Stiftung der Hotelbesitzerin Maria Beil, errichtet aus Dankbarkeit für die unerwartete Rückkehr ihres Sohnes Anton aus der Kriegsgefangenschaft. Der leider vernachlässigte 2015 abgebrochene Bau, dem heiligen Antonius geweiht, war mit einer hölzernen Flachtonne und einem Emporeneinbau versehen worden. Am Altarraum hatte der Münchner Kunstmaler und Restaurator Joseph Hausinger an den Wänden Malereien geschaffen, welche Szenen aus der Antonius-Legende veranschaulichten.

Weil nach dem Zweiten Weltkrieg der nördliche Ort weiterhin Gewicht gewann, wurde schließlich 1958 mit der Grundsteinlegung ganz in der Nähe der Antonius-Notkirche endlich ein veritabler Kirchenbau nach

Plänen der Architekten Walter Ehm (geb. 1927), Germering, und Richard Berchtold, München, ins Werk gesetzt. Die Weihe erfolgte am 19. April 1959 durch Kardinal Josef Wendel, das Patrozinium St. Anton wurde von der Notkirche übernommen.

Der helle Putzbau ist von Süden, wo sich der Haupteingang befindet, nach Norden ausgerichtet und trägt ein mittelsteiles Satteldach mit seitlichen Überständen. Dem Rechteck des Hauptraums, das den Altar- und Gemeindebereich einfasst, schließt sich an der langen Ostseite ein gleichfalls rechteckiges, schmales Nebenschiff mit Marienkapelle und Taufplatz unter dem herabgeschleppten Hauptdach an. Auch der angefügte Glockenturm kragt an dieser zur Straße zeigenden Seite aus. An der Gegenseite im Westen, in Nachbarschaft zu Pfarrhaus und -heim, ist die Sakristei an den Altarraum ebenfalls seitlich ausgreifend angeschlossen.

Bemerkenswert am Außenbau sind das Steinrelief der monumentalen, eingehauenen Inschrift des Anfangs des lateinischen Vaterunsers über dem Eingang, der einzigen Öffnung in der Südwand, darüber hinaus in der gegenüberliegenden Nordwand die Struktur des großen Rundfensters, dessen bedeutendere Wirkung allerdings im Innenraum erlebbar wird, schließlich der Wetterfahnen-Engel über dem Turmdach, ein Verwandter des Friedenskirche-Engels.

Das Innere lässt mehr als der Außenbau die Baukonstruktion erkennen: Betonstützenpaare, deren aufliegende Pfetten die Binderbalken des offenen Dachwerks tragen, die äußeren Stützen in die Außenwandscheiben eingestellt, die Stützenreihe zwischen Haupt- und Seitenschiff freistehend und damit Durchlässigkeit zwischen beiden Räumen ermöglichend.

← **Ehemalige Antoniuskapelle, abgebrochen 2015**

↑ **Katholische Kirche St. Antonius von Süden (links) und Innenansicht von Norden nach Süden (rechts)**

Eine große Empore liegt auf der Südseite. Rang und Würde des Altarraums wird hervorgehoben durch das große Rundfenster des Malers Josef Dering (1910 – 1999) in der Mitte der Nordwand. Eine große mittlere Öffnung zeigt des Lamm Gottes als Glasgemälde in kraftvollen Farben, vorwiegend im Blau-Rot-Kontrast. Zwölf kleine runde, die Hauptdarstellung umkreisende Bilder gleicher Art und Technik stellen die zwölf Tore Jerusalems nach der Offenbarung des Johannes, Kap. 21, dar. Das Fenster, ein neuzeitlicher Nachkomme der Fensterrosen der mittelalterlichen Kathedralen, beherrscht den gesamten Raum. Es darf als gelungenes Beispiel für die Erneuerung der christlichen Kunst gelten.

↑ **St. Antonius, Standkreuz von Georg Brenninger (oben) und Innenansicht von Süden nach Norden (unten)**

→ **Hotel Rex, Toreinfahrt (links) und Vitrine an der Rezeption (rechts)**

Von Georg Brenninger (1909–1988), dem bedeutenden Münchner Bildhauer der Zeit nach etwa 1950, stammen das Standkreuz seitlich des Altars mit den für ihn typischen archaisierenden Figuren des gekreuzigten Christus, der Mutter Maria und des Apostels Johannes, darüber hinaus das Taufbecken im Seitenschiff. Die Bildhauerin Christine Stadler (1922–2001) schuf den Altarblock mit zarter Kreuz-Ornamentik in Muschelkalk, die Tabernakelsäule, Ambo und Kreuzwegreliefs, letztere in Bronze.

Östlich gegenüber der Antoniuskirche führt ein Fußweg ostwärts durch das Grundstück des **HOTELS REX**. Rechter Hand befand sich bis vor Kurzem die genannte Kapelle St. Anton, die immerhin Platz für 200 Gläubige geboten hatte, danach folgt das Haus Lärch, ein ehemaliges Bauernhaus, auf dessen Hofbereich 1901 die Kurpension Beil, ein großer, dreigeschossiger Bau im „alpenländischen" Stil, errichtet wurde. Bald konnte es sich zu den prominentesten Häusern im Kurort zählen und nannte sich „Hotel Rex", nachdem König Ferdinand II. von Bulgarien, Mitglied der Dynastie Sachsen-Coburg-Gotha, in den Jahren 1920 bis 1923 mehrmals anlässlich von Kuraufenthalten in der Pension logiert hatte.

1956 wurde das große Gebäude auf der alten baulichen Grundlage unter Verzicht auf heimische Bauformen neu erstellt.

Teile der Hotelrezeption besitzen den Charakter eines Heimatmuseums. Auf Anfrage wird die Besichtigung freundlich gewährt. Man wird am Eingang von einer großen barocken Figur der heiligen Anna empfangen und kann im Inneren Erinnerungen an den Bulgarenkönig, präparierte Vögel und andere, manchmal kuriose Objekte, präsentiert in Vitrinen, betrachten. Zum „Rex" gehört ein kleiner Hotelpark und eine große herrschaftliche Anfahrt mit einem bemerkenswerten geschmiedeten Tor mit klappbaren Flügeln, eine Arbeit des örtlichen Kunstschmieds Josef Albrecht aus den 1930er Jahren.

Ehemalige Kurapotheke (oben), Südost-Erker (unten links) und Details am Nordost-Erker (unten rechts)

Zur letzten Etappe des Kurviertel-Streifzugs wendet man sich in die gegenüber dem Hotel von der Münchner Straße abbiegende Wallbergstraße, dann sofort rechts, in Richtung See, in die breite Hirschbergstraße mit ihrer Rotahornallee. Am Hans-Völkner-Platz zieht ein interessantes, teilweise bemaltes Haus, die ehemalige **KURAPOTHEKE**, jetzt Ärztehaus, Adrian-Stoop-Straße 23, alle Blicke auf sich. Der freistehende, dreigeschossige Bau mit weit überstehendem Flachsatteldach, zwei polygonalen Eckerkern, einem an der Südostecke in den Baukörper eingezogenen Eingang sowie ausgedehnten Balusterlauben an der Giebel- und den Traufseiten wurde von Hermann Lang, Erbauer des Rathauses, 1935 für Egid und Maria Pauli vom Steinbrecheranwesen in Altwiessee erbaut. Die Brüstungsflächen der Fenstererker hat ein Münchner Maler, Florian Bosch, mit jeweils sechs Tierkreiszeichen, die schmalen Felder mit Gestirnen eindrucksvoll bemalt. An der Nordseite ist darüber hinaus der heilige Quirinus dargestellt. Rings um die ehemalige Kurapotheke liegen Hotels wie „Bellevue", „Kureck", „Ascania", die äußerlich oft noch das Gepräge der Zeit um 1930 zeigen.

Zum Ausgangspunkt am Lindenplatz zurück geht man südwärts auf der Adrian-Stoop-Straße oder auf kleinem Umweg über die Seepromenade (900 Meter).

↑ Hirschbergstraße mit Rotahornallee

5. STREIFZUG (4,5 KILOMETER)

Abwinkl

Im Süden des Gemeindegebiets, südlich des Söllbachs, breitet sich der Ortsteil Abwinkl aus. Er reicht im Westen bis zur Bundesstraße und im Süden bis zur Kreuther Gemeindegrenze. Sein historischer Kern, im Osten dem Seeufer folgend, ist sehr klein und die bäuerliche Vergangenheit der meisten seiner Bauten unschwer zu erkennen. Sie sind am Ostende der Ringbergstraße, am Ringsee- und am Seerosenweg zu finden. Zu einem Erkundungsgang im alten Abwinkl gehört auch der Besuch der Söllbachmündung am Überfahrtweg und der dortigen Sehenswürdigkeiten.

Von Altwiessee aus (siehe Streifzug 2) ist „Alt-Abwinkl" auf einem reizvollen Fußweg, beginnend beim alten Sperrhaus, Sterneggerstraße 14, in 15 Minuten zu erreichen.

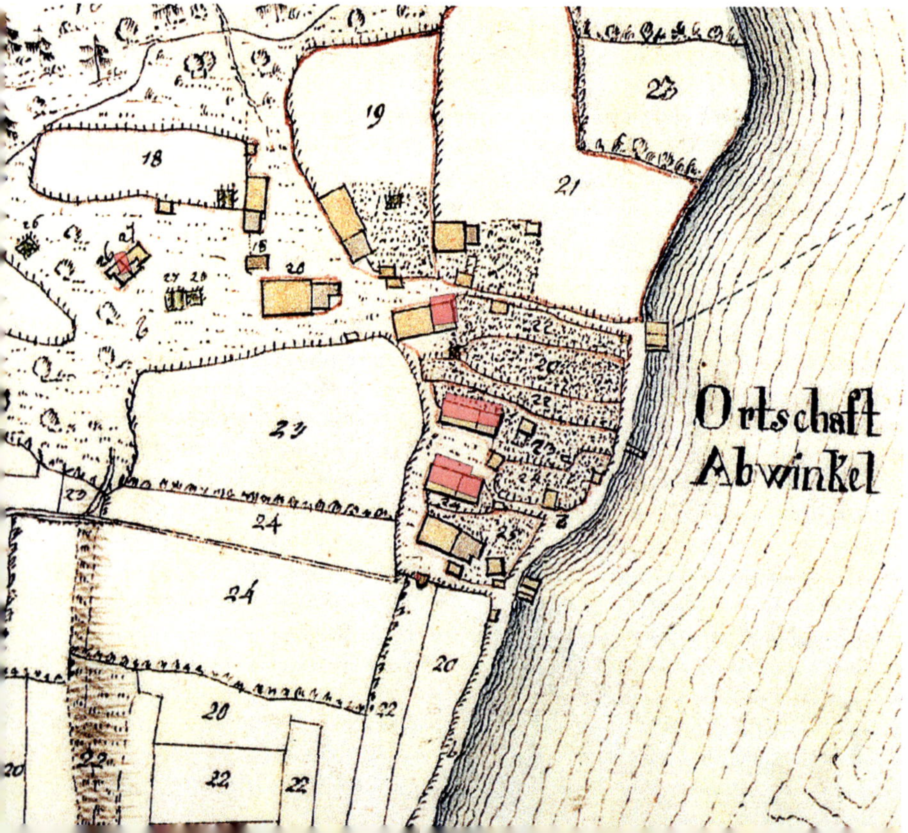

Man zählte im Jahr 1858 im Dorf Abwinkl 82 „Seelen“ in zehn Häusern. Acht Anwesen wurden bäuerlich bewirtschaftet, Haupterwerb war, wie in der Region üblich, die Milchwirtschaft bzw. die Haltung von Hornvieh, darüber hinaus Pferdezucht, Wald- und Holzwirtschaft. Durch die schon im hohen Mittelalter eingeführte Almwirtschaft konnten die im Tal und in Seenähe naturgemäß begrenzten Möglichkeiten der Viehhaltung erweitert werden. Die Abwinkler Bauern trieben ihr Vieh im Sommer über Buch und Bauer in der Au auf die Schwarzentenn- und Sonnbergalmen. Bäuerlich bewirtschaftet wird im alten Abwinkler Ortskern nur noch der große Schustermannhof, Ringbergstraße 52. Ausgesiedelt aus der beengten Altsiedlung nach Westen wurde 1905 der stattliche Krinnerhof, Ringbergstraße 20, (ehemals „Beim Puderer“, Ringbergstraße 48). Er wird ebenfalls bewirtschaftet.

Zum Dorf gehören zwei alte Hofkapellen, jedoch keine Kirche. Die Abwinkler und die Wiesseer haben sich jahrhundertelang bis 1926 auf „Kirchfahrt“ nach Tegernsee begeben, meist mit dem Boot über den See. Auch ihre Toten wurden auf dem dortigen Friedhof begraben, wo sich noch vor 40 Jahren Abwinkler Familiengräber befanden. Zu allen Anwesen gehörten deswegen auch Flachboote und Bootshütten.

Um 1900 wurde auch das kleine Dorf Abwinkl von „Sommerfrischlern“ und Künstlern entdeckt. So nahm der Maler Eduard Thöny (1866 – 1950) 1906 Quartier am Hubertusweg und Thomas Mann (1875 – 1955) fand sich zur sommerlichen Erholung mit Gemahlin, fünf Kindern und Personal im ehemaligen Defreggerhaus ein. Andere Besucher ließen sich Landhäuser erbauen, wie der reiche Berliner Zeitungsverleger August Scherl (1849 – 1929) 1911 im jetzigen Medical Park St. Hubertus.

Die neuere Bebaung der Abwinkler Flur bis in die jüngste Zeit vollzog sich zunächst längs der Bundesstraße (Sanktjohanserstraße), dann vor allem an der Südseite des Söllbachs (Söllbachsiedlung). Diese wurde dann auch um 1938 durch die Ringbergstraße erschlossen. Hier war um

← Ausschnitt aus dem Katasterblatt von 1810

dona eis Domine

1860 auch ein erstes Gasthaus, das „Bierhäusl", entstanden, jetzt „Abwinkler Hof", Ringbergstraße 43. In lockerer Streuung wurden auch westlich der Ringseestraße und in dem Gelände zwischen dem großen Schustermannhof und dem Seeufer Landhäuser errichtet. Insgesamt ist eine enorme Vervielfachung des baulichen Bestands seit etwa 1880 zu verzeichnen.

Der Abwinkler Streifzug beginnt an der **SÖLLBACHBRÜCKE**, nahe dem großen Komplex des Medical Parks. Der Söllbach, einst ein wilder Bergbach, der im Kampen- und Roßstein-Buchsteingebiet entspringt und in seinem Unterlauf längst reguliert und in Stein eingefasst ist, wird hier begleitet von alten Bergahorn- und anderen Bäumen.

Der Uferstreifen gewinnt dadurch den Charakter eines Bergparks. Rechter Hand nach der Brücke befand sich beim Sapplanwesen seit 1908 eine beliebte Waldschenke, der Sapplkeller, der neuerdings einer Wohnanlage weichen musste.

Es folgt südlich der **SAPPLHOF**, Ringbergstraße 49, eines der alten zum Kloster Tegernsee gehörenden bäuerlichen Lehen. Am Holzblockbau des Obergeschosses war vor dem Um- und Ausbau des Hauses als Gästehaus in den 1970er Jahren das Baujahr 1694 zu erkennen.

An der Nordseite des lang gestreckten Gebäudes liegt die ***SAPPLKAPELLE**, ein nach Osten in Rundbogenform geöffneter gemauerter und verputzter Bau mit Satteldach und einem zierlichen Dachreiter mit ausgezogener Spitze und Kreuz. Das Innere, eine große Nische über einem massiven

← Sapplkapelle, Erinnerungsbild, um 1885

↑ Sappl-Anwesen, Ringbergstraße 49, von Norden mit Sapplkapelle (rechts im Bild)

Melchior Widmann von Wissee, hat dise Bildnüssen am allererst-
en hieher Machen lassen, im Jahr 1.6.69. zu verEhren,
Der herr hat es mi
bahret, Mein hertz

O Ihr Heilige Patronen bittet vor uns.

Luc. 10. V. 18.
Herr fragst du nicht darnach das mich meine Schwester allein dienen
läst, darum sage das sie mir helfe, Martha Martha, du bist sorgfeltig,
u. bekimerst dich in villen dingen, dan Maria hat den besten theil erwe
et.

kniehohen Unterbau, überspannt von einem Tonnengewölbe, verwahrt die wohl ältesten an einem öffentlichen Ort befindlichen Kunstwerke in der Gemeinde. Es handelt sich um zwei bemalte hölzerne Tafeln in profilierten Rahmen, unterteilt in jeweils drei Bildfelder, die an den beiden Längswänden hängen.

Die linke Tafel zeigt im oberen breiten Feld in naiv-volkstümlicher Darstellungsweise den heiligen Sebastian in seinem Martyrium und dahinter einen herbeifliegenden Engel, der durch seine Beigaben, Lorbeerkranz und Palmzweig, die Aufnahme unter die Heiligen verheißt, danach den heiligen Rochus, seine Pestwunde am Bein zeigend, im Pilgergewand mit seinem Hund, sowie den heiligen Franziskus mit göttlichem Lamm und den Zeichen seiner Stigmatisation. Die auf beide Tafeln zu beziehende Stifterinschrift unter Sebastian und Rochus lautet: „Melchior Widmann von Wissee, hat diese Bildnüssen an allerersten hier her machen lassen, im Jahr 1669, zu verehren". Die untere Bildhälfte zeigt zwei Gleichnisse aus dem Lukasevangelium, Christus als Guten Hirten, der seine Lämmer weidet, und – in dreifacher Unterteilung des Bildfeldes – die Geschichte vom verlorenen Sohn, der vom Vater wieder aufgenommen wird.

Mehrzeilige Unterschriften erklären die Bilder. Bäume, Landschafts- und Städtebilder als Hintergründe waren für den unbekannten Maler offensichtlich wichtige Motive.

An der rechten Tafel sind oben die Heiligen Christophorus, Leonhard und Nikolaus vor gebirgigen Landschaften zu sehen, im unteren Teil die Darstellung des Gleichnisses vom barmherzigen Samariter und der Besuch Jesu bei Martha und Maria. Die Textstellen aus dem Neuen Testament sind jeweils angegeben.

Diese Andachtsbilder und ihre Inschriften bringen dem heutigen Betrachter eindringlich die Hoffnungen der Menschen früherer Zeiten auf die Hilfe der Heiligen vor Augen. Christophorus und Nikolaus als Patrone der Seefahrer, Reisenden, Fischer und Flößer anzurufen, ist für Seeanrainer naheliegend.

← Sapplkapelle, linke Votivtafel, obere Hälfte (oben), rechte Votivtafel, obere Hälfte (Mitte) und Darstellung Jesu bei Maria und Martha, rechte Votivtafel, untere Hälfte (unten)

Der heilige Christophorus bewahrte darüber hinaus vor einem plötzlichen Tod ohne Empfang der Sterbesakramente, ein Fall, mit dem bei gefährlicher Fahrt über den See gerechnet werden musste. Sebastian und Rochus galten als Beschützer vor dem „Schwarzen Tod“, der Pest, die vor allem im Gefolge des Dreißigjährigen Kriegs mehrmals ausbrach. Leonhard half bei Viehseuchen, Franziskus lebte die Bereitschaft für Gott, Sanftmut und Armut vor. Die dargestellten Gleichnisse verweisen in lehrhafter Weise auf göttliche Gnadenerweise. Bemerkenswert ist der große Umfang der Bildinschriften, sie lassen darauf schließen, dass mit „Rezipienten“ gerechnet wurde, die des Lesens mächtig waren.

An der Stirnwand des Bildstocks, dessen Nische mit einem geschmiedeten Gitter abgeschlossen ist, befindet sich ein rundbogiges großes Holztafel-Gemälde, das an sechs Männer und eine Frau erinnert, die 1884 und 1885 bei Unglücksfällen auf dem See umgekommen sind. Ein Engel hält auf der Darstellung einen ovalen Rahmen, der die Porträts der Toten zeigt. Man sieht ein leeres Boot, das auf dem Wasser treibt sowie vom Sturm aufgeschäumte Wellen. Ein weiterer Engel hält ein Spruchband, dessen Inschrift Gottvater, der vom Himmel herabschaut, um ewige Ruhe für die Toten bittet.

Das Baujahr der Kapelle ist unbekannt. Sie ist in den Ortsplänen von 1810 und 1858 bereits verzeichnet, die baulichen Details sprechen jedoch nicht für eine ältere Anlage. Folglich müssten die Tafeln von 1669 bereits in einem Vorgängerbau gehangen haben.

Beim Sapplanwesen betritt man das alte, ehemals bäuerliche Abwinkl, dessen Geschichte über ein Jahrtausend lang von der am jenseitigen Ufer gelegenen, um 760 begründeten Benediktinerabtei Tegernsee bis zur Säkularisation 1803 bestimmt wurde. Seit dem 8./9. Jahrhundert wurden die wenigen festen Uferplätze am See, darunter Abwinkl, besiedelt. Der Ortsname erklärt sich wohl aus der – vom etwas älteren Wiessee aus gesehen – abseitigen Lage vor der Ringsee-Einbuchtung. Auch eine ältere Benennung – Achwinkel – ist aus Schriftquellen bekannt. Sie würde auf die Lage am Wasser („ache“ – lateinisch „aqua“) anspielen. Man vermutet einen Abwinkler, vom Kloster angelegten „Urhof“, eine sogenannte „curia“, aus welcher bis zum 14./15. Jahrhundert infolge der allgemeinen

Bevölkerungsvermehrung und der Intensivierung der Vieh- und Landwirtschaft durch Teilungen zwei Gruppen mit je vier Höfen, den sogenannten Lehen, entstanden sind. Ähnlich erfolgte der Siedlungsausbau in Alt-Wiessee, anders in Holz, wo sich eine weit gestreute Weilersiedlung bildete. Die nördliche Lehen-Gruppe umfasst das Sappl-, das Schustermann- und das Budereranwesen (Ringbergstraße 49, 52, 48) sowie den ehemaligen Schlosserhof (Seerosenweg 3).

Den heutigen „Dorfplatz" zwischen Sappl, Schustermann und Buderer kannte man bis etwa 1935 noch nicht, er ist Ergebnis des Verkehrsausbaus. Der alte Weg aus der Siedlung nach Westen verlief auf der Südseite des Buderer, wie ältere Flurkarten zeigen. Der gegenüberliegende Seerosenweg ist der alte Zugang zur früheren Überfahrt nach Tegernsee aus der Zeit vor Einrichtung der modernen Seeschifffahrt. Hier befinden sich ein kleiner gemeindlicher Badeplatz und ein Bootsverleih.

Wie üblich sind die alten Einfirsthöfe mit ihren Wohnteilen nach Osten gerichtet, der Sappl allerdings ist in Nord-Süd-Richtung angelegt und auch der ältere Schustermannhof, vor 1902, folgte dieser Ausrichtung.

Der **SCHUSTERMANNHOF**, Ringbergstraße 52, war fast ein Jahrhundert lang der einzige bäuerliche Neubau unter den acht alten Abwinkler Anwesen. Er wurde 1902 als stattlicher zweieinhalbgeschossiger, nach Osten gerichteter Massivbau erstellt. Der fast gleichzeitige neue Sperr- und der ebenso neue Fischerhof in Altwiessee weisen ähnliche äußere Bauformen auf. Bereits im Baujahr bot der noch heute bewirtschaftete, schon 1423 als Klosterlehen genannte Hof Fremdenzimmer an. In den 1960er Jahren wurde er durch einen Südflügel erweitert.

↑ **Links: Puderer-Anwesen, Ringbergstraße 49, von Osten**
Rechts: Schustermann-Hof, Ringbergstraße 49, von Süden

Das Anwesen **BUDERER**, Ringbergstraße 48, 1513 genannt als Tegernseer Lehen, bewirtschaftet bis 1905, wurde 1999 stark erneuert und der ehemalige Wirtschaftsteil als Gästetrakt ausgebaut. An der Ostgiebelfront fällt der „Stüberlvorbau“ auf, ein altertümlicher, auch in Alt-Wiessee beim alten Sperrhaus zu beobachtender kleiner Ausbau für die Altbauern, verwandt den häufigeren Austragshäusern. Dem Budererhof „entwuchs“ 1905 als Aussiedler der Krinnerhof, Ringbergstraße 20.

Der **SCHLOSSER**, auch Zobl, Seerosenweg 3, war ein altes Bauernhaus mit Holzblockbau-Obergeschoss, das 1990 abgebrochen und durch ein neues Gästehaus, äußerlich im herkömmlichen Bauernhaus-Stil, ersetzt wurde.

In der Struktur der zweiten Höfegruppe, die ausnahmslos zum See gerichtet ist, werden die mittelalterlichen Teilungsvorgänge besonders deutlich. Allerdings wurden nach Grundstücksveräußerungen zwei Wohn- bzw. Landhäuser in die Reihung eingeschoben. Besonders eindrucksvoll wirkt bis zur Gegenwart die Folge der gegen den Wetterangriff verbretterten Rückseiten der vier Anwesen dieser Gruppe am Ringseeweg.

Der ehemalige, urkundlich 1427 genannte ***BAUERNHOF „BEIM STAUN“**, Seerosenweg 2, besitzt einen Wohnteil mit Blockbau-Obergeschoss des 17. Jahrhunderts, zum Teil mit Brettern verschalt, mit Laube und Giebellaube.

Die Tenne, die im Inneren noch die alte Zimmermannskonstruktion des 18. Jahrhunderts zeigt, weist an den Längsseiten weit überstehende Brettermäntel auf. Sie sind mit 1986 erneuerten Aussägearbeiten, einem Jesus- und einem Marienmonogramm, Kreuz und Kelch verziert. Der Bauerngarten der Staunbauern, die zeitweise auch als Zimmerleute arbeiteten, reichte ursprünglich bis zum Seeufer. Im vorderen Teil befand sich seit 1906 das Café „Seerose", dem um 1960 ein Wohnhaus folgte (Seerosenweg 4).

Das ehemalige, schon 1357 genannte Klosterlehen ***BEIM BAUR**, Ringseeweg 7, zeigt sich nunmehr als anspruchsvolles Landhaus. Der frühere Wirtschaftsteil wurde 1988 bei einem Hubschrauberabsturz beschädigt und danach abgebrochen, der altertümliche Wohnteil, weitgehend ein Holzblockbau, blieb verschont und wurde nach den Bedürfnissen der neuen Eigentümer, einer Unternehmerfamilie, bis 1992 fachgerecht saniert und in diesem Zusammenhang der Westteil äußerlich in alter Gestalt doch mit veränderten Funktionen neu erbaut.

Der Wohnteil ist giebelseitig erschlossen. Die Holzblockwände am Außenbau wie im Inneren sind gut erhalten, die Nordostecke des Erdgeschosses wurde nachträglich ausgemauert. Die Balkenvorköpfe unter den Lauben zeigen zum Teil nachgotische Formen, sogenannte Nasen, die ebenso wie der Sturz der Laubentür im Oberstock auf eine Entstehungszeit im 16. Jahrhundert schließen lassen.

Die Laubenbrüstungen der Süd- und der Ostseite sind verbrettert, wodurch der altertümliche Charakter des Hausteils noch gesteigert wird.

← Staun-Anwesen, Seerosenweg 2, Ostseite

↑ Links: Staun-Anwesen von Westen
Rechts: Anwesen „Beim Baur", Ringseeweg 7, von Osten

↑ Oben: Anwesen „Beim Baur“, aquarellierte Zeichnung, 1858
Unten: Ehemalige Schutzhütte im Baur-Anwesen, Ringseeweg 7

→ Landhaus Schaurte, Ringseeweg 9, von Osten

Eine bis vor Kurzem unbekannte aquarellierte Zeichnung aus dem Jahr 1858 zeigt das alte Bauernhaus von Südosten mit einem Brettervorbau am rechten Teil der Giebelfront, der bis unter das Vordach reicht. Man bemerkt übereinander drei Reihen von Öffnungen, die als Einfluglöcher für Bienenvölker zu deuten sind. Auf einem breiten Ablagebrett, das seitlich des Vorbaus unter dem Giebeldreieck angebracht ist, stehen Bienenkörbe.

Aufgenommen wurde dieses interessante Dokument von dem preußischen Hofarchitekten Friedrich August Stüler (1800 – 1865). In Begleitung seines königlichen Bauherren Friedrich Wilhelm IV. von Preußen (1795 – 1861) befand er sich auf einer Reise von Potsdam nach Neapel. Am Tegernsee verweilte der König einige Tage bei der Wittelsbacher Verwandtschaft, während Stüler die Gegend durchstreifte und skizzierte und dabei wohl das Haus des Bauern und Bienenzüchters Kirchberger entdeckte. Das Bild zeigt auch einen kleinen Dachreiter als Träger der Hausglocke und eine malerische Tennenauffahrt im Süden.

Im neu angelegten Garten des Anwesens wurde eine Schutzhütte von 1844 aufgestellt, ein an zwei Seiten offener überdachter Holzständerbau, der auf der Point in Tegernsee seinen Platz hatte und um 1992 transferiert wurde.

Zwischen den alten Klosterlehen „Baur“ und „Glasl“ entstand seit 1916 das 1922, 1925 und 1932 erweiterte **LANDHAUS SCHAURTE**, Ringseeweg 9. Der noble Bau, weit vorgerückt an das Seeufer, das durch eine Bruchsteinmauer befestigt wurde, ging aus den Planungen des Münchner Architekten Jacob Holl hervor. Der Baugrund wurde von den Besitzern der genannten Anwesen erworben, die damals die Landwirtschaft aufgaben. Das Hauptgebäude, mit dem Giebel zum See, nimmt charakteristische Elemente des Bauernhauses wie Lauben, Giebelverschalungen

Glasl-Anwesen, Ringseeweg 11, Ostseite (oben), Detail östliche Giebelwand (unten links) und Detail nachgotischer Balkenkopf (unten rechts)

und Klappläden auf. In der südöstlichen Ecke der Gartenanlage, die einen großartigen Blick nach Tegernsee bietet, wurde 1921 nach dem Plan von Holl ein sehr stattliches Bootshaus, ein mit Brettern verschalter Ständerbau mit Holzschindel-Walmdach und fünf Einfahrten für ein Segel- und zwei Motorboote sowie zwei Kähne errichtet.

Das Anwesen ***BEIM GLASL**, Ringseeweg 11, ebenfalls ein altes Klosterlehen, wurde bis etwa 1924 bäuerlich bewirtschaftet. Der Hofname Glasl leitet sich von einem frühen Lehensinhaber Nikolaus (Klaus) ab. Vom Grundbesitz des Hofs wurden am Anfang des 20. Jahrhunderts große Teile verkauft, darunter 1916 auch der Bereich zwischen Hof und Seeufer, auf welchem das Landhaus Ringseeweg 9 erbaut wurde. 1995 wurde das historische Gebäude, ein typischer lang gestreckter Einfirsthof, für die neuen Eigentümer als Landhaus umfassend erneuert. Der Westteil, ehemals mit Stall und Tenne, entstand als Garage mit darüberliegenden Wohn- und Studioräumen neu, die Holzbalkenkonstruktionen der Längswände der früheren Tenne wurden dabei – zum Teil mit dem historischen Material – als „Schredelwände" rekonstruiert. Die „auf Luft" gesetzten, durch Holzdübel fixierten Balkenlagen ermöglichten einst eine günstige Durchlüftung des eingelagerten Heus. Den Balkenwänden, die jetzt hinterglast und durch Fensteröffnungen unterbrochen sind, war ursprünglich eine senkrechte Holzverschalung, ein Brettermantel, vorgehängt als Schutz vor Regen und Flugschnee.

An dem zum See gerichteten Wohnteil wurden 1995 zunächst die Erdgeschosswände von den bis dahin unbekannten Überputzungen des 19. Jahrhunderts befreit, danach der gesamte Blockbau abgetragen und unter Veränderungen im Grundriss und bei der Raumhöhe äußerlich wieder rekonstruiert. Bei den Arbeiten wurden einige kleine quadratische ehemalige Fensteröffnungen von nur 25 Zentimeter Seitenlänge innerhalb der Blockwände entdeckt, die nachträglich mit Holzbohlen geschlossen wurden, aber als flache Nischen nachvollziehbar sind. Dieser Befund lässt auf eine Bauzeit wenigstens im 15. Jahrhundert schließen. Allerdings ist der Denkmalcharakter durch die in den historischen Bestand tief eingreifenden Maßnahmen erheblich dezimiert.

Das **FRIEDLANWESEN**, Ringseeweg 15, ist das vierte der südlichen Höfegruppe. Die ursprünglich freie Lage zum See ist hier fast uneingeschränkt erhalten. Ebenso wie die nördlichen Nachbarn stand auch der „Friedl" bis 1803 unter der Grundherrschaft des Klosters am gegenüberliegenden Ufer, welches die Friedlbauern stets vor Augen hatten. Der Hofname bezieht sich auf einen mittelalterlichen Inhaber dieses Lehens, einen „Grundholden" namens Friedrich oder Fridolin.

Der mehrmals umgebaute Wohnteil geht im Kern wenigstens auf das 17. Jahrhundert zurück. 2012 wurden im Obergeschoss alte Holzblockwände unter Putzschichten entdeckt.

Für Wohnzwecke wurden nach Aufgabe der Landwirtschaft in den 1970er Jahren der ehemalige Stall- und Tennenteil sowie der Südflügel, einst Remise, ausgebaut. Zwei Bootshütten gehören zum Anwesen, ein drittes kleines Nebengebäude, das alte Fischerhaus am Seeufer, ist leider 1931 abgetragen worden, ebenso ist das kleine Backhaus abgegangen.

Bei der Einfahrt in den großen Hofraum liegt die ***FRIEDLKAPELLE**, in der Barockzeit auch Weyerkapelle genannt, ein gefälliger kleiner Sakralbau aus der zweiten Hälfte des 17. Jahrhunderts. Sie ist nach Süden gerichtet, wo sie mit einer Apsis abschließt, während die Nordseite als Giebelfront mit Eingang ausgebildet ist. Das steile Dach ist mit Holzschindeln gedeckt. Je ein Rundbogenfenster an den Längs- und ein kreisrundes an den Schmalseiten belichten den Raum. Das Äußere wird belebt durch den Wechsel von Rauhputz- und gliedernden Glattputzflächen in Gelb und Weiß: Die Ecklisenen der Giebelseite sind durch Putzquaderungen betont.

↑ Links: Friedl-Anwesen, Ringseeweg 15, Ostseite
Rechts: Friedlkapelle

→ Friedlkapelle, Innenansicht

von mir
von Herzen

Das Innere weist ein Tonnengewölbe über Gurtbögen auf. Über den beiden seitlichen Fenstern schneiden jeweils Stichkappen in die Tonne ein. Vier barocke Kniebänke stehen auf dem alten Solnhofer Plattenboden. Die Tür stammt aus der Zeit um 1800. Die Ausstattung wird aus konservatorischen und aus Sicherheitsgründen bis auf einige Leuchter, Andachtsbilder und Gipsfiguren im Haus verwahrt. Das ehemalige Altarbild aus der ersten Hälfte des 18. Jahrhunderts, eine gerahmte hölzerne Tafel mit rundbogigem oberen Abschluss, zeigt die Heiligen Nikolaus im Bischofsornat und Leonhard, beide stehen vor einer phantastischen Landschaft mit einer Stadt, darüber die Muttergottes mit Kind. In der Mitte des Bildes ist ein geschnitzter Kruzifix angebracht.

Ein besonderes Ausstattungsstück ist der große Reliquienschrein aus der Zeit um 1760 bis 1770, der ursprünglich nicht in die Kapelle gehörte. Sein dreiteiliger Aufbau mit Sockel, vier Pilastern und Gesims umfasst eine große mittlere Nische in der ursprünglich eine Marienfigur ihren Platz hatte, die seit dem 19. Jahrhundert aber eine zierliche, wohl bronzene Figur des berittenen heiligen Georg im Kampf mit dem Drachen enthält. Seitlich sind jeweils originelle langgestreckte Rokokorahmen mit Reliquien in textilen Fassungen, sogenannte Klosterarbeiten, angebracht. Weitere drei Reliquienbehälter sind in dem bekrönenden Aufsatz über

dem Gesims eingelassen. Alle Oberflächen des 2007 restaurierten Kunstwerks sind marmoriert und reich vergoldet. Alle Rahmen- und Zierformen sind Zeugnisse des späten Rokoko. Kleine Medaillons der Jesuitenheiligen Ignatius von Loyola und Franz Xaver lassen vermuten, dass der Schrein aus einem Kolleg des 1773 aufgehobenen Jesuitenordens stammt und für den Friedlhof erworben wurde. Ein weiteres Rätsel geben zwei kleine Votivtafeln von 1747 auf, die jeweils einen – laut Inschriften in Altötting gebürtigen – Mann und eine Frau in Anbetung der Heiligblutreliquie von „Waldiringen“ (Walldürn/Pfalz) zeigen. Gab es eine Verbindung zwischen dem frommen Ehepaar und dem Friedlhof?

Südlich neben dem Anwesen, bei der Friedlwiese, gibt es einen Zugang zum Seeufer mit Badeplatz und Ruhebänken, die zur Betrachtung des Tegernseer und des Egerner Seeufers sowie des Wallbergs und seiner Nachbargipfel einladen.

Zurückgehend zum „Buderer“ und „Sappl“, bietet sich wenige Schritte westlich die Möglichkeit der Einkehr im **„ABWINKLER HOF“**, Ringbergstraße 43. Hier wurde schon um 1860 ein Ausschank, das bereits genannte Bierhäusl, betrieben, nach Erwerb durch die Münchner Wirtstochter Theresia Flax im Jahr 1910 auch als Flaxhaus bekannt. Ihr Onkel Josef Albrecht erbaute 1933 nach Plan des Münchner, im Bad Wiessee wohlbekannten Architekten Hermann Lang den bestehenden Gasthof mit dem hohen charakteristischen Walmdach. An der Südseite wurde 1937 noch der Speisesaal angebaut.

← **Details am Schrein aus der Friedlkapelle, Reliquienbehälter mit Medaillon des heiligen Ignatius von Lojola (links) und Reliquienbehälter mit Medaillon des heiligen Franz Xaver (rechts)**

↑ **Links: Sommerlicher Seestrand mit Wallberg im Hintergrund**
Rechts: Abwinkler Bootshütten

Das *FLAXHAUS, ein Handwerkeranwesen des 17. Jahrhunderts, wurde mit dem Neubau 1932 baulich verbunden. Der altertümliche zweigeschossige Holzblockbau ist westlich seiner Firstlinie mit den alten Lauben gut erhalten, während an der Ostseite wohl 1932 ein großer Gastraum mit erweiterter Raumhöhe und großem dreiteiligen Fenster eingebaut wurde.

Im Hauptgebäude trifft man auf gediegene Schmiedearbeiten des früheren Eigentümers Albrecht, der auch Kunstschmied und während der

Nazizeit Bürgermeister war, darüber hinaus fünf bemalte Schießscheiben aus der Zeit vor dem Ersten Weltkrieg.

Der Streifzug führt zurück bis zum Schustermannhof und dort, parallel zum Söllbach und seinem Parkgürtel, auf dem Überfahrtweg in Richtung zum See, wo sich der Landungssteg der Bayerischen Seenschifffahrt befindet.

Der Unterlauf des Söllbachs war bis in die 1950er Jahre das Zentrum der örtlichen Holzwirtschaft. Über Rinnen, Rutschen und im Bachbett, im Winter auch mit Hörnerschlitten auf Ziehwegen, wurde das eingeschlagene Holz aus dem Bergwald herangebracht und auf den Holzplätzen der Sägegatter zur Weiterbearbeitung gelagert. Im Abwinkl gab es zwei dieser Gatter, die Sappl- und etwas oberhalb davon die Spengersäge, im weiteren Gemeindegebiet zusätzlich drei.

Bis 1921 war die staatliche Saline in Rosenheim mit ihrem gewaltigen Brennholzverbrauch für die Salzsiedeverfahren der wichtigste Abnehmer. An der „Länd", vor der Abwinkler Söllbachmündung, wurde das herangetriftete Holz durch „Rechen" aufgehalten, mit Haken an das Ufer gezogen, zu kleineren Flößen gebündelt und diese zum Ausfluss des Sees bei Gmund gezogen. In größeren Flößen wurde das Salinenholz dann auf der Mangfall bis Rosenheim weiter getrieben. An die schwere und gefährliche Arbeit der Holzknechte und Flößer erinnert noch der ***TRIFTSTADEL**, Überfahrtweg 15, jetzt Station der Wasserwacht. Der auf Pfählen 1821 am Seeufer aufgezimmerte Holzständerbau mit Bretterverschalung besitzt ein charakteristisches Halbwalmdach, das bis 1998 mit Holz-

← **Oben: Abwinkler Hof mit Flaxhaus, Ringbergstraße 43**
Unten: Blick zum Ostufer (Kloster Tegernsee)

↑ **Links: Söllbach Unterlauf**
Rechts: Triftstadel, Überfahrtweg 15

schindeln gedeckt war. Er diente ursprünglich als Schiffshütte für Triftschiffe und Flachboote sowie als Gerätedepot.

In der Nähe, anstelle der alten Triftschmiede aus dem 19. Jahrhundert, wurde 1999 durch den Bezirk Oberbayern das **FISCHBRUTHAUS** erbaut, eine malerisch ins Auge fallende Anlage, in welcher vom Aussterben bedrohte Fischarten des Sees und der drei Wiesseer Bäche gezüchtet werden. Einige, wie der Saibling, waren nach 1980 im Tegernsee bereits ausgestorben. Unweit davon wurde 2005 der Wiesseer Aquadome, Überfahrtweg 13, geschaffen, ein pavillonartiger Bau mit Zeltdach, in dessen verdunkeltem Innenraum 20 verschiedene Süßwasser-Fischarten, wie Renken, Saiblinge, Forellen, Hechte, in fünf großen, mit Tegernseewasser gefüllten Becken mit Glasfenstern beobachtet werden können. Seit 2009 ist dieser Aquarium- Pavillon noch um ein kleines Bistro, spezialisiert auf Gerichte aus der Tegernseer Fischerei, erweitert worden.

Eine Marmorsäule, an deren Rundung verschiedene, in Bronze gegossene Fische angebracht sind, ein Werk des Gmunder Bildhauers Quirin Roth, wurde 2011 aufgestellt.

Der weitere Weg führt nördlich nach Altwiessee zurück, zunächst leitet ein Steg über den Söllbach, dessen „Delta" aus Kiesbänken man beobachten kann, dann trifft man auf die Seeuferpromenade, die außerhalb des „Medical Park" verläuft. Das große Grundstück war zu Anfang des 20. Jahrhunderts Eigentum des Berliner Zeitungs- und Adressbuchverlegers August Scherl, der damals unter Einsatz modernster Technik und Verkaufsstrategien ein Verlagsimperium schuf. Für seine zweite Ehefrau Therese, Tochter eines Tischlers aus Kufstein, die von Franz Defregger (1835 – 1921) als Schützenkönigin gemalt wurde, ließ er 1910 die ländliche Villa Hubertus erbauen, die leider 1998 abgebrochen wurde. Doch

hat sich 50 Meter nördlich ihres Standorts die zugehörige ***HUBERTUS-KAPELLE**, Sonnenfeldweg 27, erhalten. Dieser ebenfalls 1910 am Parkrand entstandene, wohlerhaltene kleine Bau dient der Pfarrei für Andachten und beiden Konfessionen für ökumenische Gottesdienste. Die Hauptansicht mit dem Eingang liegt zum See, die gegenüberliegende Westseite schließt sich im Halbrund wie eine Apsis. Die beiden Längsseiten weisen je ein schmales Fensterpaar auf. Das steile Dach, das im unteren Teil schirmartig auskragt, trägt einen zierlichen Dachreiter für die Glocke mit Zwiebel-Bekrönung. Die Türfüllungen sind durch Schnitzereien bereichert, die sich auf den See beziehen: ein Anker, ein Seil, Muscheln.

Die dunkelblau getönte Tonne mit aufgemalten gelben Sternen überwölbt den Raum. Auch die oberen Teile der Fenster zeigen als Glasmalereien Sterne, die zu diesem „Kapellenhimmel“ gehören. Hinter einem geschmiedeten Trenngitter fügt sich der eindrucksvolle Altar in die Apsis ein. Es handelt sich um ein Retabel mit einem Paar gewundener Säulen, die sich über einer Sockelzone erheben und ein Gesims mit Sprenggiebel und Aufsatz tragen.

Die Windungen der Säulen, die von vergoldetem Pflanzenornament begleitet werden, flankieren das Altarbild, eine apokalyptische Madonna im vergoldeten Rahmen. Im Sprenggiebel erscheint über Puttenköpfchen Gottvater im Relief.

Der Altar, von hervorragender Qualität, ist in die Zeit um 1700 zu datieren und wohl aus dem Kunsthandel erworben worden, seine Farbfassung und das Altarbild sind um 1910 zu datieren, die Heiligenfiguren auf der Mensa neuere Schnitzarbeit. Aus der Bauzeit stammen die sechs

← **Links: Aquadome**
Rechts: Aquarium im Aquadome, Bachsaibling

↑ **Links: Therese Scherl als Schützenkönigin**
Rechts: Hubertuskapelle, Sonnenfeldweg 27

Kniebänke, aus dem frühen 20. Jahrhundert das Keramikrelief mit der Kreuzigungsgruppe, laut Inschrift von G. Kemper, München. Die Sebastiansfigur an der linken Wand ist ein barockes Schnitzwerk des 17. Jahrhunderts. Ein besonderer Reiz geht von dem kleinen Wandbrunnen aus, der sich an der Rückseite der Kapelle befindet.

Am Seeufer wandert man nördlich weiter, umgeht das Freibadgelände und folgt dann nördlich dem Weg nach Altwiessee und weiter zur Ortsmitte (insgesamt 4,5 Kilometer).

← **Hubertuskapelle, Altar**

↑ **Hubertuskapelle, Kreuzigungsgruppe (links) und barocke Sebastiansfigur (rechts)**

6. STREIFZUG (5,0 BZW. 7,0 KILOMETER)

Holz

Der Bad Wiesseer Ortsteil Holz ist eine ausgedehnte, nach ihren Strukturen mittelalterliche Streusiedlung, welche den größten Teil des nördlichen Gemeindegebiets umfasst. Sie ist landschaftlich sehr vielfältig, bietet zum Tegernsee abfallende freie und bewaldete Ost- und Südhänge, darüber hinaus Wiesenterrassen, die von Höhenrücken wie

der Hainznhöhe (832,50 Meter) überragt werden, Gräben, durch welche kleine Bachläufe ziehen und an der gesamten Westseite des Orts den Hintergrund des waldreichen, bis auf 1.210 Meter ansteigenden Vorbergs (Holzer Alm).

Ihre Urgestalt gewann diese zu allen Jahreszeiten reizvolle Landschaft beim Vordringen des eiszeitlichen Rottach-Weißach-Gletschers aus den Zentralalpen nach Norden. Bei Kaltenbrunn, nördlich von Holz, schüttete er eine Endmoräne bis zur Höhe von 842 Meter auf. Südlich dieses Walls nahm in einem längeren erdgeschichtlichen Prozess das Tegernseebecken Gestalt an.

Holz liegt über dem Westufer des Sees und grenzt im Norden an die Gemeinde Gmund a. Tegernsee, zu dessen 1078 zuerst genannter Pfarrei es seit Beginn der Besiedlung im 13. Jahrhundert gehört (seit 2012 Katholische Pfarreiengemeinschaft Bad Wiessee-Gmund).

In den amtlichen Ortsverzeichnissen und älteren Diözesanbeschreibungen wird Holz als „Weiler“ geführt, erscheint aber mit seiner überwiegend weit gestreuten, bis zum Anfang des 20. Jahrhunderts ausnahmslos bäuerlichen Bebauung mit Einzelanwesen eher wie eine Ansammlung von Einödhöfen, denen sich in der Folgezeit wenige Land- und kleine Wohnhäuser zugesellt haben.

In mittelalterlichen Urkunden des Klosters wird der Ort zuweilen als „in silva“ (im Wald, im Holz) benannt. Daraus und auch aus dem Ortsnamen des nördlich angrenzenden Dorfs Finsterwald kann geschlossen werden, dass Holz weitgehend bewaldetes Gebiet war.

Die Holzer Flur, ihre Terrassen und Hügel sowie die Hangflächen beim Graberhof und den beiden Höfen von Reit mussten somit erst gerodet werden, bevor sie besiedelt und landwirtschaftlich genutzt werden konnten. In den Holzer Hofnamen Ober- und Unterreit wird an diesen Vorgang erinnert, denn „Reit“ bedeutet Rodung im Sinne von Urbarmachung. Der Gundischhof ist das am frühesten, nämlich 1291 in einer der Tegernseer Urkunden, sogenannten Urbaren, genannte Holzer Einzel-

← **Die Höfe von Holz, Ausschnitt aus dem Katasterblatt von 1810**

anwesen. Weitere werden in den Güterverzeichnissen des späten 15. Jahrhunderts genannt. Man kann davon ausgehen, dass die Holzer Flur bis in ihre entlegeneren Winkel beim Fraisen-, beim Buchberg-, beim Meister- und beim Ribischhof im 15. Jahrhundert besiedelt war. Die Kultivierung geeigneter Flächen oberhalb der schon seit dem 8. Jahrhundert schrittweise bebauten Seeufer lag nicht zuletzt im wirtschaftlichen Interesse des Klosters und war unter dem Druck allgemeiner Bevölkerungszunahme notwendig. Sie bezeichnet eine zweite große mittelalterliche Ausbauperiode der Besiedlung des Tegernseer Tals, lange bevor es um 1825 von den „Fremden" entdeckt wurde und eine neue weitreichende Entwicklung einsetzte, die immer weniger bäuerlich geprägt war und ist.

Eine heute nicht mehr leicht erkennbare Bedeutung von Holz resultiert aus seiner Lage am alten Westuferweg, der nicht mit der heutigen ufernahen Bundesstraße 318 identisch ist. Erst auf Befehl von König Max I. Joseph wurde um 1825 diese Straße angelegt, zuvor gab es dort nur einen unsicheren Pfad. Ein fester Weg führte dagegen wie noch heute von Kaltenbrunn in Richtung Baierhof, vorbei an der Schwaigerkapelle und dem Schwaigerhof sowie mit Abstand am Fraisenhof, danach wie noch heute nach Rohbogen (Golfgelände) und von dort nach Bad Wiessee und Abwinkl. In umgekehrter Richtung benutzten die Holzer diesen Weg auf ihrem Kirchgang nach Gmund.

Die nahe der Schwaigerkapelle abzweigende kleine Gemeindestraße zum Gundisch, zum Graber, zum Deyerl, nach Reit und Grundner ist ebenso eine alte Verbindung wie das Sträßchen zur Ortsgrenze am Dürn-

bach bei Ribisch, das nach Finsterwald und zur spätgotischen Kirche von Georgenried weiterführt.

Struktur und Bild der bäuerlichen Siedlung und Kulturlandschaft, so wie sie sich in historischer Zeit entfaltet hat, ist in Holz erfreulicherweise in den wesentlichen Elementen erhalten geblieben. Von den 13 im sogenannten Salbuch von 1480 genannten alten Anwesen, in denen man 1860 insgesamt 45 Einwohner zählte, existieren noch zwölf (der Hainznhof wurde 1879 ersatzlos abgetragen), sechs sind noch landwirtschaftliche Vollerwerbsbetriebe, zwei weitere teilweise bewirtschaftet. Rinderzucht bzw. Milcherzeugung sind die traditionellen Erwerbszweige, darüber hinaus Holzwirtschaft und Fremdenverkehr, in früherer Zeit auch Pferdezucht. Vier Anlagen mit Obergeschossen in Holzblockbauweise sind seit 1973 als Baudenkmäler deklariert, darüber hinaus zwei Kapellen aus der Barockzeit. Drei weitere Anwesen, Oberreit, Gundisch und Ribisch, sind beachtenswerte Bauten des späten 19. Jahrhunderts.

Alle baulichen Anlagen liegen in jener von Hecken und Baumzeilen, den sogenannten Hagen oder Gattern, umsäumten Wiesen- und Weidelandschaft, welche schon in den ältesten kartographischen Aufnahmen dargestellt ist. Sie wurde nach den sachverständigen und nicht zuletzt auch ökologischen Vorgaben der Tegernseer Benediktiner geformt und gestaltet und man spricht zu Recht von einer benediktinischen Kulturlandschaft.

Spaziergänge wie auch Wanderungen über drei, vier oder mehr Stunden in Holz sollten gut geplant sein! Dazu gehören Informationen über den Bus- und Taxiverkehr, angemessenes Schuhwerk und Proviant. Die Holzer Kulturlandschaft zeigt sich zu allen Jahreszeiten, besonders für den Fußgänger, ungewöhnlich reizvoll. Sie hat – abseits vom Bad Wiesseer Kur- und Geschäftsbetrieb – ihr eigenständiges Gepräge bis zur Gegenwart bewahrt. Die Sträßchen sind nur wenig breiter als ein Traktor, es sind keine offiziellen Parkplätze ausgewiesen und es verbietet sich, in Hofeinfahrten und auf ähnlichen Flächen zu parken. Diese Gegeben-

← **Blick vom Deyerl über den Oberreiterhof zum Tegernsee**

heiten sollten berücksichtigt werden! Auch findet sich keine „Einkehr“ an den Holzer Wegen, es ist aber ein „Hofladen“ im Baierhof mit Angeboten für Wanderer zeitweise geöffnet.

Um die schönste der Holzer Touren unternehmen zu können, die sich über etwa sechs Kilometer erstreckt, fährt man am besten mit dem Taxi von Bad Wiessee/Ortsmitte in Richtung Gmund in wenigen Minuten auf der Bundesstraße 318 bis zur Abzweigung Holz (Holzer Straße). Nächstgelegene Bushaltestellen sind „Spielbank“ und „Baiersäge“, beide an der Münchner Straße, 750 Meter südlich bzw. 600 Meter nördlich vom Ausgangspunkt gelegen. Auf den nun folgenden Wegen, die hier vorgeschlagen werden, durchstreift man alle Bereiche der Holzer Landschaft mit ihren alten Anwesen und Kapellen.

Die Tour beginnt sofort mit einem kräftigen Anstieg, in mehreren Kurven zwischen Wiesenhängen. Der Ostabfall der eiszeitlichen Seitenmoräne des Seebeckens, deren Gegenstück am anderen Ufer sich bei den Gmunder Ortsteilen Osterberg und Gasse ausbreitet, wird auf diesem ersten Streckenabschnitt bewältigt. Auf halber Höhe ist im Nordosten die Gmunder Pfarrkirche St. Ägidius zu erkennen, jahrhundertelang bis zur Gegenwart das Ziel der Holzer Bauern, wenn sie sich zur Messe, zu Taufen oder Hochzeiten begeben oder Leichenbegängnissen folgen.

Die beiden großen am Weg liegenden Höfe **UNTER- UND OBERREIT**, Holzer Straße 20 und 23, beide florierende bäuerliche Betriebe, beide auch mit Gästezimmern ausgestattet, haben sich aus einem mittelalterlichen, schon 1289 im Güterverzeichnis des Klosters genannten Hof „Gireut“ eines Hilprant durch Teilung vor 1588 entwickelt. Vorausgegangen war die Rodung und Nutzbarmachung der Hangflächen, ein Vorgang, der sich noch 1480 in dem Hofnamen „Reutthof“ ausspricht.

Der „Unterreiter“, mit grandiosem Blick zum Tegernsee, war noch in den 1960er Jahren ein niedriger in den Hang gefügter Einfirsthof mit Holzblockbau-Obergeschoss, der bald danach der bestehenden Anlage weichen musste. Der „Oberreiter“ wurde 1872 neu erbaut, in einer Zeit,

→ Deyerlanwesen, Giebelfront

in der die Holzblock-Bauweise in der Region nicht mehr üblich war. Doch wurden herkömmliche Bau- und Schmuckdetails an den massiven Putzbauten weiter gepflegt, wie die unter dem weiten Vordach des Giebels als Drachenköpfe gestalteten Pfettenenden, die als alte, schon in der Antike bekannte Abwehrbilder gegen Feuer, gegen Krankheiten bei Mensch und Tier und gegen Vorratsschädlinge galten, ebenso die Lauben (Balkons) mit ihren ornamental ausgesägten oder mit Balusterreihen geschlossenen Brüstungen. Die dekorativen Fassadenmalereien wurden erst 1982 angebracht.

Zum Hof, der ebenso wie der Unterreiter etwa 25 Milchkühe hält, gehört die bekannte Aueralm im Fockensteingebiet (1.270 Meter), auf der in den Sommermonaten das Jung- und ein Teil des Milchviehs steht.

Der **GRABERHOF**, Holzer Straße 26, jetzt zum „Oberreiter" gehörig, wurde in traditionellen Formen 2009/11 neu erbaut. Er ist ebenfalls auf die mittelalterliche Rodungszeit zurückzuführen und war vier Jahrhunderte lang bis zur Gegenwart die „Hoamat" der Brandstätter-Sippe. Das Zuhäusl, Nummer 27, stammt aus der Mitte des 19. Jahrhunderts. Solche kleinen Nebengebäude wiesen fast alle Höfe auf, wie die älteren Flurkarten zeigen.

Einige Schritte westlich vom „Graber" liegt malerisch zwischen Obstbäumen das altertümliche ***DEYERLANWESEN**, Graberweg 1. Es handelt

sich um ein nach Nordosten gerichtetes, 1440 zuerst erwähntes Tegernseer Klosterlehen in der üblichen Bauweise als Einfirsthof. Der Wohnteil besitzt ein Holzblockbau-Obergeschoss über dem aus „Bachpummerl" gemauerten und verputzten Erdgeschoss. Der Blockbau konnte 2012 dendrochronologisch untersucht und die Fällung des Bauholzes zeitlich um 1575 eingeordnet werden. Die Stämme für eine Dachwerkreparatur wurden 1617/18 gefällt.

Der Wohnteil ist giebelseitig erschlossen. Der „Oberstock" ist an drei Seiten von einer Laube mit verbretterten Brüstungen umgeben. Das Giebeldreieck ist verschalt. Die nördliche Laube war noch 1984 bis unter das Vordach mit einem Brettermantel geschlossen. Am Außenbau sind die nachgotischen Balkenvorköpfe mit den typischen „Nasen" besonders bemerkenswert, darüber hinaus die Abkantungen (Fasen) der jeweils obersten, leicht auskragenden Balkenlage der drei Außenwände.

Auf diesen Fasen haben sich fragmentarisch Ornamentmalereien erhalten, die an der Nordseite am besten zu erkennen sind. Zu sehen ist der sogenannte „Laufende Hund" in Weiß, begrenzt jeweils am Anfang und am Ende jeder Fase von einem Seerosenblatt. Zweifellos haben diese Blätter heraldische Bedeutung, beziehen sich auf die Seerosen des Tegernseer Klosterwappens und bezeugen somit die Grundherrschaft der Abtei über dieses ehemalige Lehen.

Links des Hausflurs (Flez) liegt die Stube mit einer Kassetten-Leistendecke über einem kräftigen Unterzug. Rechts lag das „Austragsstüberl", der Bereich der Altbauern. Im hinteren Teil, nordwestlich, ist noch die Feuerstelle der früheren Küche erkennbar.

↑ **Deyerlanwesen, Giebellaube (links) und Ornamentmalerei an der Nordwand (rechts)**

→ **Links: Gundischhof, Gottvaterfigur im Giebel**
Rechts: Deyerlkreuz von 1819

Eine steile Holzstiege führt in das Obergeschoss, wo in den längsgerichteten, bis zur ehemaligen Tenne reichenden Mittelflez von Norden her eine Kammer einspringt, sodass sich eine L-Form dieses Raums ergibt. Die insgesamt vier Kammern dieses Geschosses zeigen zum Flez hin gut erhaltene Holzblockwände. Im Dachspeicher ist das Tragwerk durchgehend von Ruß geschwärzt, ein Beleg dafür, dass der „Deyerl" ein sogenanntes Rauchhaus war, das heißt, dass der Kamin im Dachspeicher endete und der Rauch durch das Holzschindeldach nach außen entwich.

Die Landwirtschaft dieses Anwesens, das 1843 mit 48 Tagwerk zu den kleineren zählte, wurde um 1950 aufgegeben, der ehemalige Wirtschaftsteil mit veränderten Funktionen 1988 erneuert.

Das ***DEYERLKREUZ**, Graberweg/Holzer Straße, ein kleines Flurdenkmal aus Tuffstein, erinnert an den Deyerlbauern Georg Kirchberger, der am 12. Oktober 1819 an dieser Stelle von einem Stier getötet wurde. Die Kreuzbalken sind in nachbarocken, geschwungenen Formen gehalten und durch Randstreifen betont: zwei Vertiefungen im Stein umfassen ein erneuertes naives Bild mit Darstellung des Unglücks des Bauern und ein Inschriftschild.

Nördlich über einen Bachgraben hinweg, auf den sich der Hofname des „Graber" bezieht und dessen Gewässer vom westlichen Vorberg (Holzeralm) hinab zum See fließt, kommt man zum **GUNDISCHHOF**, Holzer Straße 31. Der ungewöhnliche Name, in älterer Schreibweise „Gunders", bezeichnet eine Hochweide, die in einer Mulde liegt. Das 1291 genannte ehemalige Lehen des Klosters Tegernsee war mit einem Umfang von 73 Tagwerk im 18. Jahrhundert eines der einträglichsten im Tal.

1898 ließ der Eigentümer Quirin Schwarzenböck, dessen Nachkommen den „Gundisch" in vierter Generation erfolgreich bewirtschaften, den Hof durch den Tegernseer Baumeister Lorenz Hofmann neu errichten in der traditionellen Gestalt als Einfirsthof, nach Osten gerichtet, mit hölzernen Lauben an der Giebel- und der Südseite. „Modern" waren dagegen die Massivbauweise in zweieinhalb Geschossen, die hochrechteckigen Fenster, die Putzgliederungen mit Ecklisenen und Bändern zwischen den Geschossen und die sogenannten preußischen Kappengewölbe im großen Ross- und Rinderstall. Zur alten Bauernhauskultur gehören die figurierten Pfettenköpfe unter dem Vordach, die Baluster der Lauben und der Glockenträger auf dem Dachfirst: Die dekorative Wandmalerei ist dagegen neueren Datums. Vom Vorgängerbau wurde pietätvoll die barocke Halbfigur des segnenden Gottvaters übernommen, die von einer Rundnische unter der Giebelspitze herabschaut. Typisch für die Bauzeit sind die Bruchsteinmauern des Stalls. Der südliche Seitenflügel dient als Remise und Zuhaus.

Der blühende Familienbetrieb, dessen Jungvieh im Sommer auf der Plankensteinalm über Rottach weidet, ist mit 20 weiteren Landwirten an der „Naturkäserei Tegernseer Land" in Kreuth als Zulieferer der besonders qualitätvollen „Heumilch" beteiligt. Er bietet darüber hinaus Gästezimmer an, nutzt seine alten Rechte auf Branntweinbrennerei und unterhält Obst- und Gemüsegärten.

In gleicher Richtung weiter wandernd gelangt man an der Weggabelung mit dem Schwoagaweg zur ***SCHWAIGERKAPELLE**. Sie bildet die „Mitte" von Holz, gehört zum Schwaigerhof, der die Anhöhe im Süden beherrscht, und gilt nach der örtlichen Überlieferung als Pestkapelle. Sie müsste folglich 1632, 1634 oder kurz darauf als Votiv- oder Totenkapelle für die Opfer der damaligen Pestepidemien errichtet worden sein. Der „Schwarze Tod" folgte nur zu häufig den Feldzügen des Dreißigjährigen Kriegs, welche in diesen Jahren auch in das Tergernseer Tal einbrachen. Um der Ansteckungsgefahr zu entgehen, wurden die Pesttoten gewöhnlicherweise außerhalb der Ortsfriedhöfe begraben und an diesen Plätzen Kapellen erbaut. Doch auch aus Dank an die Heiligen für die Errettung von der Seuche und Bitte um Verschonung entstanden solche Kapellen, wie zum Beispiel 1634 auf dem Taubenberg bei Warngau und im gleichen Jahr an der Mangfallbrücke in Gmund.

Oben: Schwaigerkapelle von Nordosten
Mitte: Schwaigerkapelle, Inschriften an der Ostwand
Links: Schwaigerkapelle, Inneres

Die Kapelle zeigte sich über lange Zeiten isoliert in der Flur, erst im 20. Jahrhundert entstanden einige Häuser in der Nähe. Der kleine Rechteckbau, mit dem Eingang an der östlichen Giebelseite dem alten Sträßchen zugewendet, weist an der gegenüberliegenden Seite den dreiseitig schließenden Altarraum auf. Das Satteldach mit Holzschindeldeckung trägt einen Reiter mit Zwiebelhaube.

Auf dem um 1918 geschaffenen Wandbild über dem Eingang erscheint der Erzengel Michael als Drachenüberwinder. Auf den 14 Versinschriften, die auf die kalkweißen Außenwände der Kapelle aufgemalt sind und lokale und weltgeschichtliche Ereignisse vom Ersten Weltkrieg bis 2005 kommentieren, wird erkennbar, dass ab 1918 eine Umdeutung des kleinen Sakralbaus von der Pest- zur Kriegergedächtniskapelle erfolgte. Das Innere, mit einer gemauerten Tonne überwölbt und durch je ein Fenster in den Längswänden belichtet, zeigt weitere Wandmalereien des 20. Jahrhunderts, an der Decke eine Gottvaterfigur begleitet von Engeln, bei den Fenstern ornamentale Rahmungen. Auf dem gemauerten Altartisch erhebt sich ein hölzernes, farbig gefasstes Retabel: ein Aufbau mit einem Pilasterpaar, welches einen Schrein rahmt und ein Gesims mit dem Auszug trägt. In die Pilaster ist jeweils eine Nische eingetieft, die zugehörigen Figuren sind leider nicht mehr vorhanden. Das kleine Rundbild im Auszug, welches die Mantelspende des heiligen Martin darstellt, gehört ebenso wie der Schreinrahmen zum authentischen Bestand des 17. Jahrhunderts an diesem mehrfach in der Folgezeit veränderten Altärchen, dem laut Inschrift 1918 eine wohl im Kunsthandel erworbene Marienikone eingefügt wurde. Damals hielten die Eigentümer des nahen Baierhofs, die Familien von Miller und von Malaisé Fürbittandachten für Kriegsteilnehmer in der Kapelle ab. Gerahmte Fotoporträts über der Eingangstür erinnern an Gefallene aus den Anwesen Baierhof und Schwaiger. Das reizvolle Gestühl, sechs marmoriert bemalte Holzbänke in Barockformen, der Lithographie-Zyklus der Kreuzwegbilder aus dem 19. Jahrhundert und eine etwa gleichzeitig entstandene Kreuzigungsgruppe gehören zur historischen Ausstattung der Kapelle, die zuletzt 1946 und 2003/05 renoviert wurde und bei der am 12. September 2010

→ Baierhof von Nordosten

die Vereinigung der katholischen Pfarreien Gmund und Bad Wiessee zu einer Pfarreiengemeinschaft mit einem Fest begangen wurde. Stichhaltige Quellen wie zum Beispiel Weihedaten und Nachweise zur Entstehung und Funktion der Kapelle wurden bisher nicht aufgefunden. Auch ein Pestfriedhof konnte am Ort bisher nicht nachgewiesen werden.

Wenige Schritte nördlich der Schwaigerkapelle, an der alten Verkehrsverbindung Kaltenbrunn-Rohbogen-Wiessee ist der ***BAIERHOF**, Max-Obermayr-Weg 4, nicht zu übersehen. Er liegt auf einer Wiesenterrasse im leicht zum See abfallenden Gelände. Sein von den Traufseiten her erschlossener Wohnteil weist an der Giebelfront stattliche fünf Fensterachsen auf. Auch die Länge dieses wie üblich nach Osten gerichteten Einfirsthofs erscheint großzügig. Die Holzblockwände des Obergeschosses des Wohnteils können in die Zeit zwischen 1573 (Innenwände) und 1616 (Dachsparren) datiert werden. In diesen Jahren wurde nach einer 2012 erfolgten dendrochronologischen Analyse das entsprechende Nadelholz, Tanne und Fichte, eingeschlagen. Der Wohnteil besitzt auf allen drei Seiten erneuerte Lauben mit Bretterbrüstungen, der Dachspeicher ist in jüngerer Zeit ausgebaut und mit großen Fenstern nach Osten versehen worden.

Im Nordosten des breiten, querverlaufenden Erdgeschossflurs liegt die große Stube mit Türen, Eckbank, Wandkästchen und Herrgottswinkel aus der Barockzeit. Der darüberliegende Flez im Obergeschoss zeigt im Nordteil ähnlich große Dimensionen, während auf der Südseite eine Kammer in Holzblockkonstruktion von Westen her in den Raum einspringt und nur ein schmaler Gang bis zum südlichen Ende des Flezes verbleibt, dessen Holzblockwände eindrucksvoll erhalten sind. Als Lehensinhaber des stattlichen Anwesens wird im Salbuch von 1480 „im Holtz wendl payr", also ein Wendelin, genannt, das sogenannte Leibzinsbuch von 1687 nennt das Lehen „Bayr im Holz". 1871 kaufte der berühmte Münchner Erzgießer Ferdinand von Miller den Baierhof und richtete ihn als Landsitz ein. In dieser Zeit wurden die Fenster erweitert und im Erdgeschoss ihre Öffnungen mit stuckierten farbigen Puttenköpfchen, umgeben von Früchtefestons und bäuerlichen Gerätschaften, bekrönt. Am Haus wurden barocke Gottvaterfiguren angebracht und die Klappläden und Holzverkleidungen zum Teil bemalt.

Die Nordseite zeigt eine Inschrift, die an die Goldene Hochzeit von Millers Sohn, dem Bildhauer und Akademiepräsidenten Ferdinand II. von Miller, und Marianne von Gietl im Jahr 1923 erinnert. Der Baierhof sah bis zum Ersten Weltkrieg ein reges gesellschaftliches, vor allem künstlerisch geprägtes Leben, von dem die erhaltenen Gästebücher Zeugnis ablegen. Am 5. Juli 1892 war auch Prinzregent Luitpold von Bayern zu Besuch im Baierhof.

Auch nach 1871 wurde die Landwirtschaft durch Verwalter weitergeführt, der Wirtschaftsteil sogar nach Westen verlängert. Die nördlichen

↑ **Baierhof, große Stube (links) und Holzblockwände im Obergeschoss (rechts)**

→ **Baierhof, Stuckputto als Fensterbekrönung (links), Erdgeschossfenster (rechts) und Gottvater am Giebel des Hauses (unten)**

Nachbaranwesen Aumann und Ribisch wurden zugekauft und wirtschaftlich angeschlossen. Östlich unterhalb des Baierhofs, an einem Bach nahe dem Seeufer, war die Baiersäge, ein leider 1946 abgebrochener steiler dreigeschossiger Giebelbau mit Sägegatter und einem oberschlächtigen Wasserrad von 9,5 Metern Durchmesser, Teil des Anwesens, zu welchem auch große Waldflächen gehörten.

In einem Nebengebäude des Hofs betreiben die Pächter einen von donnerstags bis samstags geöffneten Hofladen, der u.a. Getränke und Proviant anbietet. Auf der Baierhofwiese wird u.a. eine sehenswerte „leichte", die sogenannte Werdenfelser Rinderrasse, gezüchtet.

Von der Weggabelung an der Nordseite des Baierhofs aus erkennt man östlich, wo die nach Kaltenbrunn führende Straße den Waldrand erreicht, zwei alte steinerne Torpfeiler, welche die Gemeindegrenze markieren und den Gutsbezirk des Baierhofs an dieser Stelle begrenzen. Auch ein stets geschmücktes älteres Wegkruzifix befindet sich dort.

Der Ausblick in diese Richtung mag genügen, nicht verzichten sollte man aber auf den kleinen Anstieg von der genannten Gabelung in nordwestlicher Richtung (Hainznhöheweg).

Nach wenigen Metern wird ein prächtiger Rückblick auf den Baierhof, den See und den Wallberg geboten. Der Stadel an der nächsten Gabelung bezeichnet den Standort des 1879 aufgelassenen Hainznhofs, der ab 1867 zum Besitz von Herzog Carl Theodor in Bayern, dem Bruder der Kaiserin Elisabeth, gehört hatte.
Man erlebt von diesem Punkt aus rechts die Hainznhöhe, ihre Ostseite als steilen Grasberg, die Westseite bewaldet und man sieht ganz links, west-

lich, am Fuß der Waldhänge des Vorbergs, den **GUTSHOF BUCHBERG**, Buchbergweg 1, bis 1803 ein bedeutendes Tegernseer Klosterlehen, das von 1914 bis 1932 zu den Tegernseer Besitzugen Carl Theodors bzw. seiner Erben gehörte. 1935 wurde der stattliche Einfirsthof mit seinem großzügigen Stall neu erbaut, nachdem der mit barocken Wandmalereien geschmückte Vorgängerbau durch Brand zerstört worden war. Die Eigentümer seit 1952, Münchner Unternehmer und deren Verwalter, betreiben eine Rinderzucht, die schon 1887, als ein Bestand von 52 Rindern gezählt wurde, als mustergültig galt. Ein Hofladen bietet unter anderem Eier von Freilandhühnern, Eiernudeln und Fleisch aus eigener Aufzucht an.

Vom Standort aus in der Mitte liegt in einer Absenkung des Geländes der ***BINDERHOF** (Meisterhof), Buchbergweg 2, 1480 im Salbuch des Klosters genannt, sein historischer Teil nach Osten gerichtet, mit Blockbau- Obergeschoss des späten 18. Jahrhunderts und den üblichen Lauben. Das Gebäude, hinter alten Baumreihen gelegen, dient seit 1937 als Landhaus, der ehemalige Wirtschaftsteil wurde für Wohnzwecke ausgebaut und um 1970 nach Westen erweitert, wo eine zweite Giebelfront ausgebildet wurde. Das Nebenhaus von 1972 wird landwirtschaftlich genutzt.

Nördlich des Binderhofs, am Weg nach Finsterwald, nahe dem Dürnbach, der hier die Gemeindeflur begrenzt, liegt ein weiteres altes Anwesen, das **RIBISCHGÜTL**, Hainznhöheweg 15, ebenfalls schon 1480 im Salbuch verzeichnet. Die gefällig proportionierte Giebelfront des Hauses, die

← Links: Haglandschaft beim Baierhof
Rechts: Gemeinde- und Hofgrenze (Torpfeiler) am Weg nach Kaltenbrunn
Unten: Baierhof von Norden, im Hintergrund der Wallberg

↑ Links: Gut Buchberg von Nordosten
Rechts: Binderhof von Süden

Anlage des Mittelflurs und die Doppelflügel-Haustür lassen auf einen Neubau um 1800 schließen. Das Anwesen wurde um 1875 vom Münchner Goldschmied Fritz von Miller, einem Sohn des Erzgießers, erworben, dessen Nachkommen es noch besitzen. Der Wirtschaftsteil wurde nach Auflassung der Landwirtschaft in der 1950er Jahren für Wohnnutzungen ausgebaut.

Die Nachfolgebauten des als solches nicht mehr erkennbaren **AUMANNGÜTLS**, Hainznhöheweg 6, 8, 10, liegen östlich des Ribischgütls.

Man kann es mit diesem Ausblick nahe der 832,50 Meter hohen Hainznhöhe auf das bewegte, von Baum- und Heckenzeilen sowie kleinen Alleen gegliederte Gelände, auf diese benediktisch-bäuerliche Kulturlandschaft, bewenden lassen, zumal man bereits zwei Kilometer ab Tourenbeginn bzw. Abzweigung Holz zurückgelegt hat – man kann aber auch diese Flur und ihre Anwesen in einem Kreis abschreiten, bevor man zur Schwaiger-

kapelle zurückkehrt und die Tour südwärts leicht ansteigend zum ***SCHWAIGERHOF**, Schwoagaweg 20, fortsetzt, der majestätisch auf freier Höhe throntund mit 800 Meter über NN das am höchsten gelegene Anwesen von Holz ist. Der Hofname erinnert an ein größeres, auf Viehzucht spezialisiertes Gut, eine Schwaige im Besitz eines Grundherren, hier der Benediktinerabtei Tegernsee. 1480 wird das Anwesen als „halbes Lehen" bezeichnet und gehört damit zu den großen Höfen des Klosters. Es umfasste in dieser Zeit über 84 Tagwerk Grund. Ein Teil der über 40 Rinder steht im Sommer auf der Hölleialm bei Glashütte, dessen Holzblockbau aus dem Jahr 1676 stammt, sowie auf der Hochalm. Wie die Gundisch sind auch die Schwaigerbauern mit ihrer „Heumilch" an der „Naturkäserei Tegernseer Land" beteiligt.

Das gemauerte Erdgeschoss des traufseitig erschlossenen Wohnteils trägt ein Blockbau-Obergeschoss des 17. Jahrhunderts, welches im 20. um drei bis vier Balkenlagen erhöht wurde bei gleichzeitiger Erneuerung des Daches. Auch die an drei Seiten umlaufende Laube wurde erneuert und die Fenster und Laubentüren am Oberstock erweitert. Die Wandmalereien, ein heiliger Florian an der Giebelfront, ein Hausspruch an der Nordseite sowie die Fensterumrahmungen, stammen aus neuerer Zeit.

← **Links: Ribischgütl von Osten**
Rechts: Hausspruch am Schwaigerhof
Unten: Schwaigerhof von Osten

↑ **Fraisenhof mit Kapelle von Süden**

Fraisenhof, im Uhrzeigersinn: Holzblockwand im Obergeschoss, Brüstung der Laube – dahinter Laubentür, Zimmermannskonstruktion der ehemaligen Tenne, Erdgeschossfenster, Eingangsraum (Flez)

Im Inneren ist die Stube in der Südostecke des Erdgeschosses mit alter Kasettendecke erhalten, im Oberstock wurden Fremdenzimmer eingerichtet. Der Wirtschaftsteil wurde 1990, das Zuhaus 1974 neu erbaut.

Auf dem Rohbogner Sträßchen südlich weiter wandernd, fällt der Blick nach einigen kleinen ländlichen Wohnhäusern auf den ***FRAISENHOF**, Beim Frais 1, einen sorgfältig erhaltenen, großartig in seinem Wiesenplan in Nähe eines Bächleins hingelagerten Einfirsthof des 18. Jahrhunderts. Das Anwesen wird seit etwa 1930 nicht mehr landwirtschaftlich genutzt und seitdem als Landsitz bewohnt. Dem Erdgeschoss des Wohnteils, das aus „Bachkugeln“ aufgemauert und verputzt ist, liegt der Oberstock auf, ein Holzblockbau mit umlaufender Balusterlaube an drei Seiten. Die nach Nordosten ausgerichtete Anlage wird traufseitig erschlossen. Der quer gegen die Firstlinie verlaufenden Hauptachse Flez-Küche im Erdgeschoss entspricht der Querflez im Obergeschoss mit je einer Laubentür im Norden und Süden, über letzterer eingekerbt das Baujahr 1778. Die Haustür an der Südseite, durch eine Stern-Aufdoppelung auf dem Türblatt besonders herausgehoben, führt in den geräumigen Flez, der die Stube im Südosten, die Küche im Norden, über einen Treppenabgang den kleinen gemauerten Keller und über einen Aufgang den gesamten Oberstock erschließt. Einzigartig sind die authentischen, kleinen, 235 Jahre alten Fenster im Flez, in der Stube und einem weiteren Raum, die auch das historische Außenbild des Hauses, zusammen mit den Klappläden, ganz wesentlich bestimmen. Von großer handwerklicher Qualität sind die Holzblockwände im Obergeschoss. Die Einbindung der Zwischenwände von drei nebeneinanderliegenden Kammern in die quer verlaufende Flezwand, der sogenannte Schrot, ist hier kunstvoll geschnitten in Herz-, Kreis-, Kreuz- und anderen Formen. Auch die überwiegende Anzahl der prächtigen Baluster der Laubenbrüstungen und der Treppen im Inneren, eine Reihe von Stubentüren, die große Eckbank der Stube, der Uhrkasten und einige Fußböden sind aus der Bauzeit erhalten geblieben. Der ehemalige Wirtschaftsteil ist bis auf den kleinen südlichen Anbau von 1956 in der äußeren Erscheinung bewahrt: Im ehemaligen Heuboden bzw. der Tenne wurde 2006 die eindrucksvolle Zimmermannskonstruktion saniert und der Raum als Atelier eingerichtet.

Ein Zutritt zum Haus und Grundstück ist leider nicht möglich. Dies gilt auch für die zugehörige Hofkapelle, die sogenannte *FRAISENKAPELLE aus der 2. Hälfte des 18. Jahrhunderts, südwestlich vom Hof unter Lärchen und Fichten und unweit einer etwa 800 Jahre alten Eibe gelegen. Der kleine verputzte Rechteckbau mit Eingang an der östlichen Giebelseite und halbrundem Abschluss des Altarraums im Westen trägt ein Satteldach mit Holzschindeldeckung. Der Innenraum ist flach gewölbt, der Boden mit Flyschsandsteinplatten gepflastert, wie sie in den nahen Bachtälern zu finden sind. Zwei kleine seitliche Fenster belichten den Raum. Der hölzerne Altaraufsatz aus der Bauzeit besteht aus einer Sockelzone über dem sich ein Gerüst aus je einem Säulenpaar, begleitet von Pilastern, aufbaut. Die Oberflächen zeigen Farbfassungen, welche roten, grauen und blauen Marmor vortäuschen. Den Säulen und Pfeilern sind links und rechts Figuren des heiligen Benedikt und der heiligen Anna, der Mutter Marias, zugeordnet, beide sind Schnitzwerke der Zeit um 1750 von guter Qualität, die wohl urspünglich zur Ausstattung einer der Kirchen der Tegernseer Pfarreien gehörten. Durch die Säkularisation 1803, in der manches kirchliche Kunstgut veräußert wurde, können sie in bäuerlichen Besitz bzw. in diese Hofkapelle gelangt sein. Zum gerahmten Mittelfeld des Altaraufbaus kann der viel zu kleine dort angebrachte Kruzifix nicht urspünglich gehört haben. Dem Bildprogramm des bekrönenden Altarauszugs mit der Heilig-Geist-Taube in einer Ornamentkartusche, darüber der Halbfigur Gottvaters in den Wolken, muss ehemals eine Figur des Gekreuzigten entsprochen haben, jedoch in angemessener Größe. Erst damit war die Heilige Dreifaltigkeit anschaulich dargestellt.

↑ **Fraisenkapelle (links), Altar der Kapelle (Mitte) und Figur der heiligen Anna (rechts)**

Durch die Rundöffnung, die hinter dem Auszug in die Wand eingeschnitten ist, traf das einfallende Licht auf das Haupt des Gekreuzigten – eine typisch barocke Lichtregie, die leider nicht mehr zur Wirkung kommt.

Stilistisch erscheint der Altar als spätbarockes Werk. Die aufgemalte Spätdatierung 1833 verwirrt zunächst, muss aber nicht falsch sein, da es sich um eine volkstümlich-nachbarocke Kistlerarbeit handelt. Die Figur des toten Christus´ im Heiligen Grab, hinter dem Einblickgitter, in der Nische unter der Altarmensa, fügt sich diesem Programm, welches der besonderen Andacht in der Karwoche diente, ein. Von anrührender Bescheidenheit sind die bäuerlichen Kniebänke.

Acht Generationen der Sippe Hupfauer ließen sich neuerdings zwischen etwa 1590 und 1890 archivalisch in ununterbrochener Folge als Lehensträger des Fraisenhofs feststellen. Josef Hupfauer erbaute den bestehenden Hof im Jahr 1778, sein Vorgänger, wohl der Vater, die Hofkapelle.

Das Lehen, zu dem Anteile am Bergwald, an der Holzer Alm und an Kiesgruben gehörten, umfasste im 18. Jahrhundert 70 Tagwerk (23,66 Hektar) und gehörte damit zu den kleineren Klosterbesitzungen mit geringer Abgabenveranlagung. 1934 wurde der Hof, umgangssprachlich „Beim Froasn" genannt, an einen preußischen Major verkauft. Seine bäuerliche Geschichte war damit beendet.

Man wandert nun südlich am linken Rand des großen Wiesenplans weiter, bleibt bei der folgenden Weggabelung links und damit weiter in Südrichtung. Die bewaldeten Abhänge des Vorbergs westlich sind die

↑ **Links: Weg vom Fraisenhof nach Rohbogen**
Rechts: Rohbogenkapelle von Osten

→ **Oben: Ehemaliges Bauernhaus Rohbogen, jetzt Clubhaus**
Unten: Landschaft zwischen Fraisenhof und Rohbogen

Begleiter dieser angenehmen Wegstrecke. Nach Querung eines Bachgrabens tritt man in das Golfgelände von Rohbogen ein, passiert einen künstlichen Weiher und gelangt zur *ROHBOGENKAPELLE, die eigentlich als ein Quellhaus erbaut wurde (siehe Streifzug 9). Über das „Golf-Green" hinwegschauend kann man prachtvolle Ausblicke auf Tegernsee und die hinter dem Ort aufragenden Berge erleben.

Östlich abwärts gehend am Weg zwischen den Golfwiesen, vorbei am Clubhaus, Rohbogen Nr. 1, einem ehemaligen Bauernhaus, gelangt man zur Bundesstraße, wo sich die Bushaltestelle „Auer Straße" befindet. (Von Hainznhöhe bis Rohbogen 2 Kilometer, bis Bushaltestelle 1 Kilometer. Eventuell zu Fuß auf der Münchner Straße zur Ortsmitte 2 Kilometer).

7. STREIFZUG (3,5 KILOMETER)

Zur Prinzenruh und zum Freihaus

Der siebte und der achte Streifzug durch das Bad Wiesseer Gemeindegebiet führen zu klassischen Aussichtspunkten und Einkehrstätten, die westlich oberhalb der Ortsmitte und von Altwiessee liegen. Die etwa 200 Meter über der Seeoberfläche gelegenen höchsten Punkte dieser Streifzüge können normalerweise mühelos erreicht werden. Rechts und links der Wege sind es weniger kulturhistorische Zeugnisse, umso mehr aber Naturschönheiten wie Berg- und Seepanoramen, Bergwiesen, Bergwald, Bachschluchten.

Wir folgen zunächst dem Zeiselbach ab Ortsmitte in südwestlicher Richtung, wie beim achten Streifzug. Wo der Lauf des Bachs aus dem schluchtartigen Talgrund am Fuß des Semmelbergs heraus- und in die ortsnahen Wiesenflächen eintritt, steigen wir nördlich durch Steilwiesen und Bergwald zum Aussichtsplatz Prinzenruh hinauf, dann weiter zum Wiesbauer, einer ehemaligen Alm. Unweit davon liegt nördlich im Wiesengelände, etwa hundert Meter über dem Ort, das Freihaus, ein ehemaliges Bauernanwesen mit Gastbetrieb, das sich als Freihaus Brenner in etwas mehr als drei Jahrzehnten zum bekannten und renommierten Spitzenrestaurant „empor gekocht“, hat aber auf Wunsch auch eine landesübliche Brotzeit serviert.

Der Prinzenruhweg beginnt nördlich des Rathauses bei der Brücke und folgt dem linken Ufer des Zeiselbachs. Bei Haus Nr. 14 ist eine der in Bad Wiessee so beliebten Fassadenmalereien zu sehen, hier die Darstellung des heiligen, nach der Legende das Jesuskind über das Wasser tragenden Christophorus vom Gmunder Maler Keck aus dem Jahr 1963. Nach der Linksbiegung, bei einer Bachbrücke, setzt sich der Weg als ausschließlicher Fußweg neben dem Wasserlauf fort.

Wir schwenken am Waldrand, bei einer weiteren Brücke, wo der Zeiselbach aus seinem Graben ins Freie tritt, sofort rechts ab und steigen am Wiesenhang aufwärts, der im Winter als beliebter Rodelhang gilt. Es folgt ein Waldstück, wo man sich rechts hält, dann erneut die Steilwiese erreicht. An ihrem oberen Rand befindet sich ein offener Unterstand aus dem Jahr 1871, erneuert 1974: die Prinzenruh. Er erinnert an den Prinzen Karl von Bayern (1795 – 1875), der die Jagdgründe der Wiesseer Bauern gepachtet hatte. Dieser jüngere Bruder des Königs Ludwig I. (1786 – 1868) von Bayern hatte hier offenbar einen bevorzugten Platz gefunden, sei es aus „jagdtechnischen" Gründen oder wegen der grandiosen Aussicht auf den Südteil des Sees und die Berge oder auch für Rast und Ruhe, wie der Name nahelegt. Karls militärische Karriere hatte 1838, mit der Ernennung zum Oberbefehlshaber der bayerischen Armee einen Höhepunkt erreicht. Nach der Schlacht bei Königgrätz im Jahr 1866 , die ihn und seine Truppen auf der Verliererseite sah, zog er sich ins Tegernseer Schloss zurück, das ihm seine Stiefmutter Königin Karoline vererbt hatte. Von der Stelle, an der wir uns befinden, konnte der nicht nur im Tegernseer Tal sehr beliebte Prinz auch auf sein letztes Zuhause, das Klosterschloss, schauen, in dessen Nähe er 1875 bei einem Ausritt tödlich verunglückte.

← Der Prinzenruhhang von Südosten

↑ Links: Am Zeiselbachgraben
Rechts: Rückblick auf den Ort und den See

Der Weg führt weiter durch ein Waldstück, danach erreicht man das **WIESBAUERNANWESEN**, eine malerisch wirkende Einöde im hügeligen Wiesengelände, gerahmt von Bergwald, umfriedet von Weidezäunen. Hervorgegangen ist sie aus einer ehemaligen „Niederalm" des Lärchbauern, der nicht zu den historischen Wiesseer Anwesen zählt, sondern sich erst um 1870 an der Münchner Straße, beim Hotel Rex, angesiedelt hatte. Der Wiesbauer hatte im ausgehenden 19. Jahrhundert keinen guten Ruf: Der „Wiesbauernfranzl", ein dort hausender Knecht, galt als Räuber und Wilddieb. Zusammen mit dem nahen Freihaus erwarb Anton von Rieppel (1852 – 1926), Direktor der Maschinenfabrik Augsburg-Nürnberg (MAN), zu Anfang des 20. Jahrhunderts den „Wiesbauer" und ließ eine „Sommerstallung" einrichten, die dem Freihaus zugeordnet war.

Im Norden erkennt man schon das **FREIHAUS BRENNER**, auf dem Weg dorthin befindet sich unter einer Buchengruppe ein weiterer Aussichtsplatz, der Blicke zum Nordteil des Tegernsees bietet.

Vermutlich kurz vor 1870 erbaute der „Gütler" Johann Lärch das Freihaus, einen kleinen Bergbauernhof mit nüchternem äußeren Erscheinungsbild. Seinen Antrag auf „Ausübung einer Sommerschenke" lehnte die Gemeinde 1870 aus Sicherheitsgründen ab. Wildschützen und „die Öffentlichkeit scheuende junge Leute" könnten hier einen unerwünschten Treffpunkt finden.

Nach einem Brand, wohl um 1920, ließ der genannte Anton von Rieppel, inzwischen Eigentümer, nach Plänen des Nürnberger Architekten Ludwig Ruff (1878 – 1934) das Freihaus neu errichten. Der Vorgängerbau hatte wenige Meter südlich des Neubaus gelegen, der alte Name, dessen Bedeutung bisher ungeklärt ist, wurde übernommen (2,2 Kilometer).

Das Gebäude, über einem Hangabfall gelegen, folgt wiederum dem Vorbild eines Bergbauernhofs, nach Osten gerichtet, mit Giebel und süd-

seitiger Laube. Im Sinne des zeitgenössischen Heimatstils weisen die streng achsial geordneten Fenster mit ihren Klappläden gemalte, ornamentale Umrahmungen auf.

In jüngster Zeit sind durch die Besitzer, das Gastronomen-Ehepaar Brenner, an der Nordseite ein erdgeschossiger Bau in Art einer Veranda mit vorgelegter Terrasse, an der Südseite eine Stadelhalle als großer Speisesaal angebaut worden. Auf eine „feine Adresse" deuten die Fahrzeuge am Parkplatz, dort treffen aber auch Fußwanderer ein und die edle Speisekarte bietet ebenso Gourmet-Kreationen wie Weißwürste an.

Noch ein diskreter Blick zur alpinen Residenz eines Fußballpräsidenten, südwestlich etwas oberhalb, dann die Straße etwa hundert Meter abwärts und nun scharf rechts in den steilen Freihausweg, der in den Ort hinunter leitet. Unten wendet man sich nach etwa hundert Metern rechts in den Simperetsweg, der südlich, ohne Anstieg und Abstieg, meist durch Wiesen, zum Prinzenruhweg zurück führt (1,3 Kilometer).

← **Links: Anstieg zur Prinzenruh**
Rechts: An der ehemaligen Wiesbaueralm

↑ **Links: Freihaus Brenner**
Rechts: Blick auf Bad Wiessee-Ortsmitte und Altwiessee

→ **Blick vom Simperetsweg zur Kirche**

8. STREIFZUG (3,7 KILOMETER)

Auf dem Sonnenbichl

Der SONNENBICHL, ein von Wald umsäumter, nach Osten abfallender Wiesenhang, liegt zwischen Söllbach und Zeiselbach, genauer: zwischen dem unteren, ortsnahen Verlauf dieser beiden, im Gebiet der Aueralm entspringenden Wiesseer Hauptbäche. Zum Sonnenbichl führt eine steile Straße hinauf, die beim Berggasthof gleichen Namens endet (Sonnenbichlstraße). Hier wird jedoch ein Fußweg vorgeschlagen, der beim „Wiesseer Hof", Sanktjohanserstraße 38, beginnt und sich mit dem ersten Wegabschnitt von Streifzug 3 deckt (siehe dort).

An der Kriegergedächtnisstätte beim „Wiesseer Hof", wo auch an die in der „Sendlinger Bauernschlacht" an Weihnachten 1715 gefallenen örtlichen Teilnehmer erinnert wird, leitet ein Steig zur 1926 vollendeten katholischen Pfarrkirche hinauf, die tagsüber geöffnet ist (Streifzug 3).

Es empfiehlt sich, durch den ab 1940 angelegten, eindrucksvollen Bergfriedhof westwärts aufzusteigen und sich an den Fritz-von-Miller-Weg zu halten, nachdem das obere Friedhofstor passiert ist.

Auf der freien Höhe, einem Bereich mit vielen Quellen, bietet sich eine grandiose Aussicht auf die Kirche, den Ort und den See.

Bei der Millerkapelle (siehe Streifzug 3; bis hierher 1,5 Kilometer) gelangt man in den Bergwald, steigt nördlich am Weg etwa hundert Meter steil ab, um sodann links, südwestlich, in einen steil ansteigenden Hohlweg einzuschwenken, der unter alten Laub- und Nadelbäumen, gleichsam durch einen Märchenwald, aufwärts zur Sonnenbichlstraße und ins Freie führt, wo man bereits den Gasthof vor sich liegen sieht, einen Bau vom äußeren Charakter eines Bergbauernhofs (0,7 Kilometer).

Als alternativer, auf Kirche, Bergfriedhof, Millerkapelle verzichtender erster Wegabschnitt kann auch empfohlen werden: Prinzenruhweg ab der Brücke beim Rathaus bis Sperrschild am Zeiselbach-Taleingang, hier 50 Meter steil links, dann rechts der Hohlweg.

Von der Terrasse des **BERGGASTHAUSES SONNENBICHL** hat man den besten Blick auf den steilen Sonnenbichlhang, im Sommer Viehweide, im Winter über viele Jahrzehnte das Wintersport-Eldorado des 1923 gegründe-

← **Blick vom Wasserpoint auf die katholische Pfarrkirche und den See**

↑ **Links: Millerkapelle am Waldrand**
Mitte: Hohlweg zum Sonnenbichl
Rechts: Gasthaus Sonnenbichl von Südosten

ten Skiclubs Bad Wiessee, in den 1960er Jahren Austragungsort legendärer Nachttorläufe unter Teilnahme von Sportberühmtheiten wie Toni Sailer (geb. 1935) und Rosi Mittermaier (geb. 1950), seit einigen Jahren als „Audi Skizentrum Sonnenbichl“ des „Fördervereins Schneesport im Tegernseer Tal e.V.“ ein gesponserter, mit modernen Schleppliften, Beschneiungs- und Flutlichtanlagen ausgestatteter Trainingshang für Spitzen- und Nachwuchssportler.

Zum weiter entfernten Panorama zählen am Ostufer des Sees die Berger Alm über Gmund, die Neureuth über Tegernsee, Wall- und Setzberg im Südwesten und der bewaldete Ringberg im Süden.

Den Berggasthof erbaute 1928 Peter Kirchberger vom Baur-Anwesen in Abwinkl. Die umlaufende hölzerne Laube, die Ordnung der Fenster, ihre Klappläden und gemalten Rahmungen, die östliche Eingangstür und vor allem die nahezu original erhaltene große Gaststube mit ihren Einbauten, Wandmalereien und Schmiedearbeiten sind Zeugnisse eines gepflegten, kitschfreien Heimatstils, wie er in Bad Wiessee in einigen Beispielen noch anzutreffen ist.

Der Gastbetrieb war bis 1962 mit einer Landwirtschaft verbunden; danach wurden Stall und Heuboden, die westlich firstgleich angeschlossen waren, abgebrochen und stattdessen der Hotelteil angebaut.

Hinter dem Gasthof, beim großen Wanderparkplatz, hört man bereits das Rauschen des tief in den Bergwald eingeschnittenen Zeiselbachs. Von mehreren angezeigten Wegen nimmt man den östlich, abwärts neben dem Wasser, zum Ort führenden. Auffallend sind die im Bachbett und an seinen Rändern anstehenden Mergel- und Sandsteinlagen, die in der vom Kalkstein geprägten Gebirgszone der Region sonst nicht vorkommen. Sie gehören zur sogenannten Flysch-Schicht, einem geologischen Komplex, der vor 40 bis 30 Millionen Jahren insbesondere an der Westseite des Tegernsees durch Verkürzungen der Erdoberfläche, Verschiebungen und Umschichtungen an die Oberfläche geraten ist.

Bachabwärts, nach etwa 300 Metern, findet man an einem überhängenden Felsen eine Inschrifttafel und zwei in den Stein gehauene flache Reliefbilder. Ein Kurgast, angeblich hieß er Martin Berger, wirkte hier als

← **Sonnenbichlhang im Frühjahr (oben links) und im Winter (oben rechts) Unten: Blick vom Sonnenbichlhang nach Osten**

↑ **Gasthaus Sonnenbichl, Giebelfront (links)und Gaststube (rechts)**

Oben: Relief Jäger mit Gämse
Unten links: Felsen im Zeiselbachgrund (Hinweistafel)
Unten rechts: Relief Reichspräsident von Hindenburg im Felsgestein

Bildhauer und schuf ein 1935 datiertes, mit Edelweißblüten gerahmtes Brustbild des kurz zuvor verstorbenen Reichspräsidenten Paul von Hindenburg (1847 – 1934), unverkennbar mit seinem breiten Schädel und markanten Bart, wie ihn die Briefmarken jener Zeit zeigen. Etwas oberhalb, schwer zu erkennen, ist ein Jäger dargestellt, der auf eine Gämse zielt, eine Anspielung auf Hindenburgs Jagdaufenthalte im nahen Kreuth.

Auf der südlich gegenüberliegenden Bachseite stellte der „Bildhauer" einen Hirsch dar, der kaum mehr zu erkennen ist. Welche Hilfsmittel er bei seiner nicht ungefährlichen Tätigkeit einsetzte, ist nicht bekannt; die Restaurierung 2004 erfolgte mithilfe der Bergwacht.

Nach dem Verlassen der Talenge folgt man dem Prinzenruhweg an der rechten Bachseite, dann der gleichnamigen Straße, die zur Ortsmitte zurückführt (1,5 Kilometer).

9. STREIFZUG (6,5 – 7,0 KILOMETER)

Auf Seeuferwegen zum Grundnerhof

Der neunte Streifzug durch den Ort folgt im ersten Teil dem Seeufer in nördlicher Richtung. Meist wandert man unmittelbar am Wasser entlang, im Abschnitt zwischen der Spielbank und dem stattlichen, an der Bundesstraße gelegenen Grundnerhof jedoch oberhalb des Uferbereichs.

Beim „Grundner" wird die Seenähe verlassen: Man steigt an zu einem westlich oberhalb gelegenen Waldstück, an welches südlich die parkartigen Grünflächen des Golfplatzes angrenzen, den man an der Nord-, dann an der Westseite umgeht, um bei der Rohbogenkapelle ostwärts, in Talrichtung, über den Rohbognerhof (Clubhaus) zur Münchner Straße und ins Kurviertel zurückzukehren.

Anfang und Ende des Streifzugs decken sich in Teilen mit den Streifzügen 4 und 6. Angemessenes Schuhwerk, die Mitnahme von Proviant und eventuell von Badesachen werden empfohlen. Eine Abkürzung der Gehstrecke durch Inanspruchnahme des Busverkehrs ist möglich (Haltestellen Auer Straße/Rohbogner Weg, Spielbank).

Ausgangspunkt ist die **SEEPROMENADE** östlich des Lindenplatzes, bei der Schiffsanlegestelle und dem **MUSIKPAVILLON**. Man wendet sich hier nordwärts, flaniert unter altem Baumbestand und passiert den neuen Hotelkomplex am Platz der früheren Spielbank und des Hotels Lederer (siehe Streifzug 4).

An der Seeseite, in Richtung zum Ostufer des Tegernsees, eröffnen sich auf dem mehrfach gewundenen Weg, immer wieder neue Fernbilder zwischen Egern und Gmund. Der Seeuferweg, der in der bestehenden Gestalt erst mit dem Bau der aufwendigen Tegernsee-Ringkanalisation in den Jahren 1963 bis 1971 entstanden ist, führt nahe der Bucht, die vom „Terrassenhof" dominiert wird, durch weitgehend unbebautes, „naturbelassenes" Gelände mit Brutplätzen für Wasservögel und Rückzugsbereiche für weitere Lebewesen. Zu erinnern ist daran, dass erst der in kluger Vorausschau realisierte Kanalisationsring um den gesamten See eine „gesunde" Wasserqualität ermöglichen konnte. Nicht nur Schwimmsportlern und Badegästen wäre der Tegernsee anderenfalls „entzogen" worden, auch ein großer Teil der herkömmlichen Fischbestände wäre erloschen.

Der Kern des mehrfach baulich erweiterten Komplexes des **TERRASSENHOFS** ist das bereits in den 1930er Jahren bekannte Café und Restaurant mit dem damaligen kuriosen Namen „Jodhütte", in Anspielung auf das benachbarte Jod-Schwefelbad. Die Café- und Aussichtsterrasse mit Seeblick gehört zu den alten Bad Wieseer Kurgäste-Treffpunkten. Bemerkenswert sind ihre skurril beschnittenen Lindenbäume, die im Sommer ein Schatten spendendes Dach bilden.

← **Seebucht beim Hotel Terrassenhof von Süden**

↑ **Terrassenhof, Caféterrasse mit „Lindendach"**

Der Weg führt an der großen Bootshütte in Windungen weiter, dem Seegestade folgend, zu jeder Jahreszeit unter faszinierenden Aussichten gegen die südlichen Berge, östlich nach Tegernsee zur kleinen Kirche von St. Quirin sowie nordöstlich nach Gmund.

Es folgt das **STRANDBAD GRIEBLINGER**, Am Strandbad 12/14, ein privates, 1933 begründetes Unternehmen mit Badestrand, Liegewiese, hölzernen Kabinen, Kiosk, in einer kleinen Ausbuchtung des Sees, seitlich der Mündung des Breitenbachs, gelegen. Auch ein Ruder- und Segelbootverleih gehört dazu und ein reizvolles, blütenumranktes Gästehaus im Heimatstil der 1930er Jahre.

Beim „Grieblinger" und den folgenden drei Grundstücken ist die Uferpromenade unterbrochen, man muss deswegen westlich zur Straße Am Strandbad vorstoßen und sich dort nördlich halten. Man quert die

Brücke über den Breitenbach, den nördlichen der drei großen Wiesseer Bergbäche, dessen Wasser einst auch eine zum Grieblingeranwesen gehörende Sägemühle antrieb (1,5 Kilometer).

Sofort nach dem **YACHT-CLUB**, Am Strandbad 22, zu dem ein kleines Restaurant gehört, beginnt erneut ein den See begleitender Fußweg zwischen dichten Fichtenhecken. Linker Hand liegt die **VILLA TANNECK**, die sich der berühmte Archäologe Adolf Furtwängler (1853 – 1907) erbauen ließ, nachdem er das damals noch völlig abgelegene Grundstück 1899 erworben hatte. Für die Bedürfnisse der großen Familie, zu welcher auch der Dirigent Wilhelm Furtwängler (1886 – 1954) gehörte, wurde das Haus mehrfach umgebaut und erweitert.

Bald befindet man sich wieder am freien, unbebauten Seeuferweg in Nähe der stillen **FINNERBUCHT**, die ungestörtes Schwimmen ermöglicht, falls die Temperaturen angemessen sind und man den steinigen Einstieg in den See nicht scheut.

← **Seeuferweg, Rückblick nach Süden (oben links), Blick nach Norden, im Hintergrund Gmund a.T. (oben rechts) und Blick nach Süden (unten)**

↑ **Am Grieblingerhaus, Am Strandbad 12/14**

Schließlich steigt der Weg in einem Waldstück westwärts an, verlässt das Seeufer und nähert sich der Bundesstraße, neben deren rechter Seite er in nördlicher Richtung weiter verläuft. Bis zum Grundnerhof muss man leider den Verkehrslärm der Straße ertragen, wird aber durch malerische Ausblicke in das parkartige Gelände der „Finnerwiesen" unterhalb der Straße, zum östlichen Seeufer und den dahinter aufragenden Bergformationen, entschädigt. Links der Straße zeigt sich die in den Jahren 2003 bis 2005 errichtete **NEUE SPIELBANK**, Winner Nr. 1, deren asymmetrischer Baukörper mit seinen Flachdächern, Glas- und Metallfassaden in einen Steilhang eingefügt wurde.

Die Vorgängerin dieses Spielcasinos befand sich seit 1969 an der Seepromenade nahe der Ortsmitte. Eine erste örtliche Spielbank war schon 1957 als privates Unternehmen, doch mit staatlicher Konzession, in einem

Café in der Münchner Straße eröffnet worden. Wie in fast allen Kurorten gehörte auch in Bad Wiessee eine solche Einrichtung zum Angebot für die Kurgäste.

Den Neubau am Ortsrand planten die Architekten und Ingenieure Olivia Mayer, Herbert Wagenpfeil und Hartmut Weber. Sehenswert ist das Foyer mit einer eleganten Treppenanlage, die zum „Großen Spiel" mit seinen Roulettetischen und zum Restaurant bzw. zur „Winner's Lounge" führt, während sich im Erdgeschoss das „Automatenspiel" befindet. Zutritt zu den beiden Spielbereichen ist nur in angemessener Garderobe und gegen Eintrittsgebühr möglich.

Gegenüber der Spielbank liegt die ***VILLA AMALIENBURG**, Winner 2, in einem Parkgrundstück, das bis hinab zum See reicht (kein Zutritt). Das Gelände hatte ebenso wie der Umgriff der Spielbank zum ehemaligen Winnerhof gehört, einem großen Tegernseer Klosterlehen, das sich seit 1873 im Besitz des bekannten Gmunder Tavernenwirts und Viehzüchters Max Obermayr (1821 – 1898) befand.

1899 weisen einschlägige Bauakten die Erweiterung einer wohl kurz zuvor im Stil des späten Barock erbauten kleinen erdgeschossigen Villa um je einen nach Norden und Süden ausgreifenden Flügelbau nach Plan der Münchner Architekten Thunig und Pabst aus. Als Bauherr wird Ernst von Otto-Kreckwitz genannt, der wahrscheinlich auch den Kernbau der Villa veranlasst hatte.

← Oben links: Blick vom Finner zum See
Oben rechts: Weg bei Winner, Richtung Amalienburg/Grundner
Unten: Spielbank Bad Wiessee, Eingangshalle mit Treppe zum „Großen Spiel"

↑ Links: Spielbank Bad Wiessee
Rechts: Villa Amalienburg

Otto-Kreckwitz stand ursprünglich im Dienst des Wiener Kaiserhofs und war Kammerherr des Kronprinzen Rudolf v. Österreich (1858 – 1889), der 1889 zusammen mit seiner Geliebten Mary Vetsera (1871 – 1889) aus dem Leben schied. Die volle Wahrheit über diese Tragödie, bekannt als Mayerling-Affäre, wurde vom kaiserlichen Hof vertuscht und der Mitwisser Ernst von Otto-Kreckwitz dazu gedrängt, das Land zu verlassen. Mit der Abfindung, die man ihm gewährte, erwarb er den Baugrund am Tegernsee und ließ sich die Villa errichten, die wegen der Anklänge an den Stil des 1739 vollendeten Jagdschlösschens der Kurfürstin Maria Amalia (1701 – 1756) im Nymphenburger Park dessen Namen erhielt.

Es ist nicht bekannt, bis wann Ernst von Otto-Kreckwitz und seine Frau Mathilde in der Amalienburg lebten, doch 1936 tritt als Eigentümer der Großkaufmann William Weber aus Shanghai auf, der – sehr zum Nachteil der Wirkung des Gebäudes – auf den zentralen Teil mit seinem Portikus, dem Lichthof und dem vorschwingenden Giebelrisalit an der Seeseite ein Obergeschoss aufsetzte. Der Winnerhof wurde als solcher zu Anfang des 20. Jahrhunderts aufgelassen.

Etwa 350 Meter weiter in nördlicher Richtung erreicht man den ***GRUNDNERHOF**, einen lang gestreckten, sehr stattlichen Einfirsthof, erbaut 1907/08 auf einem östlich zum See leicht abfallenden Gelände mit Wiesenflächen und kleinen Gehölzen (1,5 Kilometer ab Strandbad Grieblinger). Das bereits im Spätmittelalter genannte Klosterlehen „Im Grund", das um 1800 über nicht weniger als 108,92 Tagwerk verfügte, befand sich anders als heute über lange Zeiten in abgesonderter Lage, denn erst seit 1820 wurde schrittweise die westliche Seeuferstraße von Kaltenbrunn nach Wiessee ausgebaut.

Der preußische Architekt Friedrich August Stüler, der 1858 mit Stift und Zeichenblock die Gegend um den Tegernsee durchstreifte, während sein Dienstherr König Friedrich Wilhelm IV. von Preußen (1795 – 1861) sich bei der Verwandtschaft im Tegernseer Schloss aufhielt, zeichnete den alten, angeblich um 1900 abgebrannten Grundnerhof, der damals einen niedrigen Wohnteil mit einem Obergeschoss als Holzblockbau und einem wesentlich größeren massiven Stall- und Tennenteil aufwies.

In diesem Anwesen wurde 1851 Thomas Hasler, Sohn des Grundnerbauern Johann Hasler, geboren, der von seinem neunten Lebensjahr an zu anormaler Größe heranwuchs und im Jahr seines frühen Todes, 1876 in Gmund, mit 2,35 Meter als größter deutscher Mann galt. Seine Leiche wurde nach München überführt, obduziert und im Pathologischen Institut der Universität verwahrt.

2013 wurden die sterblichen Überreste des Thomas Hasler im Tegernseer Museum gezeigt und seine Krankheit erläutert, nachdem die Forschung im Zuge erneuter Untersuchungen feststellen konnte, dass ein Tumor an der Hirnanhangdrüse Wachstumshormone produziert hatte, welche die Anomalie verursachten.

1872 verkaufte der Grundnerbauer Johann Hasler den Hof an den schon genannten Wirt und Viehzüchter Max Obermayr, der ihn 1877 an den Juristen Dr. Heinrich Merck (1822 – 1907) aus Nürnberg veräußerte. Merck war u.a. Sekretär der ersten deutschen Nationalversammlung 1848/49 in der Frankfurter Paulskirche und in München Mitbegründer des Bankhauses Merck, Finck & Co. sowie der Bräuhaus AG. Etwa hun-

↑ Grundnerhof

dert Meter nördlich des Grundnerhofs hatte er 1877 eine noch bestehende ländliche Villa bauen lassen und 1907/08 folgte der Neubau des Grundnerhofs, ausgeführt von dem Tegernseer Baumeister Lorenz Hofmann (1866 – 1927).

Vorbild für den Neubau war der Typ des klassischen bäuerlichen Einfirsthofs des Tegernsee-Miesbacher Gebiets, der jedoch auch die Ansprüche und Anforderungen als Landsitz einer großbürgerlichen Familie erfüllen sollte und darüber hinaus als zeitgemäßer Ökonomie-Betrieb fungieren konnte. Die weiten Dachüberstände und die hölzernen Lauben entsprechen der Bautradition, die großen Fensteröffnungen einem modernen Bedürfnis. Die gemalten, mit barocken Ornamenten und Pflanzenformen geschmückten Umrahmungen der Fenster, ihre Klappläden, Fenstergitter und viele Details im Inneren sind Zeugnisse des anspruchsvollen Heimatstils der Zeit. Wilhelm Merck (1867 – 1929), der Nachfolger, verstand sich auch als Gutsherr und zählte mit seinem Besitz von rund tausend Tagwerken, der vom Seeufer bis zur Holzeralm und den Steinberghöfen bei Marienstein reichte, zu den großen „Landwirten“ und Viehzüchtern des Tegernseer Tals. Der Stall des Grundnerhofs, mit Gewölben über Eisensäulen, bot Platz für 80 Rinder. Die Landwirtschaft wurde 1965 aufgegeben bzw. in reduzierter Größe von Pächtern weitergeführt.

Viele Tegernseer Sommer verbrachte der Physiker und Nobelpreisträger von 1918, Max Planck (1858 – 1947), auf dem Grundnerhof; er war verheiratet mit Marie geb. Merck (1861 – 1909), einer Tochter von Heinrich Merck.

Für die Rückkehr vom Grundnerhof zur Ortsmitte werden – wie schon angekündigt – Wege im Wald und an Wiesenrändern vorgeschlagen, die westlich oberhalb der Bundesstraße bzw. der Seeuferzone verlaufen. Wer

die Tour begrenzen will, läuft die zurückgelegte Strecke retour, ab der Spielbank eventuell auch direkt zum Lindenplatz entlang der Münchner Straße.

Der längere Streifzug wird westlich gegenüber dem „Grundner" fortgesetzt, wo ein Wirtschaftsweg zwischen dem Wald und einer Steilwiese zuerst nordwestlich, dann im Bogen, immer mehr südwestlich empor führt. Hat man sich eben noch an malerischen Rückblicken auf den See erfreut, so sind es bei einem Geländeabsatz mit einem Lager- und umzäumten Auslaufplatz für Haflingerpferde die Ausblicke südwärts in die sanft bewegten Rasenhügel des Geländes des Tegernseer Golf-Clubs, das ausdrücklich nicht betreten werden darf. Einheimische nennen sie die „Märchenwiese", deswegen hält man sich an den Waldweg, der jenseits des Lagerplatzes südwestlich unter mächtigen Fichten weiter ansteigt, bleibt an der Weggabelung, bei 800 Metern Höhe, links und umgeht somit den Nordteil des Golfplatzes. Später tritt man ins Freie, wo sich eines der prächtigsten Landschaftsbilder des Tegernseer Tals bietet. Man hält sich exakt an den Waldsaum und erreicht bei einem Weiher den Weg von Holz nach Rohbogen (siehe auch Streifzug 6).

← **Links: Grundnerhof, Eingang Südseite**
Rechts: Weg vom Grundnerhof zum Wald

↑ **Golfplatz, mittlerer Teil, Richtung Süden**

Die ***ROHBOGENKAPELLE**, auf die man nahe der nächsten östlichen Wegabzweigung trifft, erinnert an den „Ölfluss“, die Entdeckung der Quelle des Quirinusöls im Jahr 1441. Über das Ereignis, das die Geschichte von Bad Wiessee bis zur Gegenwart in vielfältiger Weise prägt, wurde bereits mehrfach berichtet (siehe Streifzug 1 und 4).

Matthäus Merian d. Ä. hatte 1644 in seinem bekannten, das Kloster Tegernsee und dessen Umgebung darstellenden Kupferstich auch die Quelle des Ölflusses am unteren Teil des Vorbergs dargestellt und Hans Georg Asam (1649 – 1711) zeigt auf einem Deckenbild in der Tegernseer Kirche im Jahr 1690 eine Bretterhütte, zweifellos das damalige Brunnenhaus, vor dessen Tür ein Benediktinermönch das heilende Öl an Kranke verabreicht. Im frühen 19. Jahrhundert war der Bau offenbar verfallen und man bat 1822 den Architekten Leo v. Klenze (1784 – 1864), der sich wohl auf Dienstreise im königlichen Schloss in Tegernsee befand, um einen erst kürzlich wieder entdeckten Entwurf für einen Neubau. Dieser sah einem fensterlosen Rechteckraum über der Quellfassung mit großem Portal an der östlichen Schmalseite vor. Eine gleich große offene Vorhalle, ausgezeichnet durch einen klassizistischen Dreiecksgiebel, der von einem Säulenpaar getragen wird, ist der Portalwand vorgeschaltet.

Leider konnte dieser klassizistische Brunnentempel nicht finanziert werden, und somit entstand unter Leitung des königlichen, für die Tegernseer und Kreuther Bauten zuständigen Bauinspektors Simon Mayr 1827/28 der bestehende, bescheidenere Bau ohne aufwendige Front, mit Vordach auf Holzstützen.

Weder Klenze noch Mayr hatten einen Kapellenbau geplant bzw. realisiert, ein Altar war nie vorhanden und der Name Rohbogen-, zuweilen auch Quirinuskapelle wurde erst später aus unbekannten Gründen gebräuchlich. Aus der Bauzeit sind die Türflügel, die gusseiserne Inschriftplatte und die zwei Marmorbänke der Vorhalle erhalten, welche schon der Klenzeplan aufweist. Das Wandbild auf der westlichen Giebelseite mit Darstellung des Wunders von 1441 schuf der örtliche Maler Georg Hagn.

Durch die seit 1959 gestaltete Golflandschaft führt der beschränkt öffentliche Weg östlich abwärts zum **ROHBOGNERHOF**, jetzt Clubhaus. Das

← Links oben: Golfplatz im Winter
Links unten: Rohbogenkapelle, Westseite
Rechts: Rohbogenkapelle, Inschrifttafel

↑ Rohbogen, Giebeldetail vom Clubhaus, 1834

Anwesen wird schon 1290 als Schwaige genannt, ein Viehhof, dessen Grundherr das Kloster war. Im 17. Jahrhundert bestanden ein unterer und ein oberer „Rohbogner". Das heutige „golfgreen" war also ausgedehntes bäuerliches Weideland für Rinder und Pferde. Der bestehende Wohnteil des unteren Hofs wurde 1834 neu erbaut, in ihm befinden sich nicht öffentliche Clubräume. 1863 besaß der mehrfach genannte, umtriebige Viehzüchter Max Obermayr den Hof, 1896, während des Wiesseer Erdölfiebers, gehörten Haus und Grund kurzzeitig einer Hamburger Gesellschaft für Erdölindustrie und 1901 erweiterte der ebenfalls mehrfach genannte Anton von Rieppel (siehe Streifzug 8) seinen Wiesseer Besitz um Rohbogen.

An der weiter abwärts führenden Straße, dem Rohbognerweg, kann man links einen Blick auf den **FINNERHOF** werfen, der am Ende einer Birkenallee liegt, ein schon im Spätmittelalter genanntes Lehen, das in Gestalt eines zweigeschossigen Holzblockbaus des 16./17. Jahrhunderts noch anschaulich ist. In neuerer Zeit wurde es zu einem aufwendigen Landhaus umgebaut. Angelangt an der Bundes- bzw. Münchner Straße sieht man sich dem nach seinen hochadligen französischen Eigentümern genannten, bewaldeten „Franzosenhügel" mit seinem Felsabbruch gegenüber und wenige Schritte südlich davon wird auf einer Bronzetafel an Franz Heiß, Friedrich Scheid und Franz Winter erinnert. Am 3. Mai 1945, fünf Tage vor Kriegsende, waren sie hier, am Ortsende, den anrückenden amerikanischen Truppen als Parlamentäre entgegengetreten, um Tod und Zerstörung vom Tegernseer Tal abzuwenden. Scheid und Heiß wurden von SS-Einheiten aus dem Hinterhalt beschossen und starben kurz danach an ihren Verwundungen. Winter gilt als verschollen.

Man wendet sich weiter der Ortsmitte zu, eventuell auch mit dem Bus (Haltestelle Rohbognerweg).

Wer noch bei Kräften ist, biegt nach etwa 300 Metern von der Münchner links in die Anton-von-Rieppel-Straße ein, die bald in die Wilhelminastraße übergeht und bemerkt dort die zweite Bad Wiesseer Jodschwefelquelle bzw. deren Überbauung. Sie wurde 1930 in 682 Metern Tiefe

erbohrt und die Pumpanlage, von der sich große originale Teile erhalten haben, mit einer originellen, verschalten Holzständerkonstruktion überbaut. Mit der Bezeichnung „Wilhelminaquelle“ ehrte man die Gemahlin des Entdeckers der 20 Jahre zuvor erbohrten Ludwig-III.- Quelle, Adrian Stoop (siehe Streifzug 4).

Am Ostteil der Straße liegen die „Sport- und Spielarena“, das neue Badehaus mit der Adrianusquelle von 1978 und der Badepark.

Auf der Adrian-Stoop-Straße oder auf der Seepromenade gelangt man zurück zur Ortsmitte (3,5 bis 4 Kilometer ab Grundnerhof, über Rohbogen).

↑ **Oben: Bronzetafel zur Erinnerung an den 3. Mai 1945 (links)**
Wilhelminaquelle, sogenannte Pferdekopfpumpe (rechts)

Unten: Wilhelminaquelle (Pumphaus)

10. STREIFZUG (13 – 15,5 KILOMETER)

Auf die Auer- und die Neuhüttenalm

Seit Jahrhunderten steht zwischen Juni und September Vieh von Wiesseer Bauern auf diesen Hochweiden. Sie sind Teile von bäuerlichen Betrieben im Tal. Die Neuhüttenalm mit ihren vier Hütten, in 1.328 Metern Höhe unter dem Südhang des Fockenstein (1.564 Meter) gelegen, zeigt sich als kleines Almdorf und gehört zu den reizvollsten Plätzen im Wiesseer Gemeindegebiet.

Wer „leichten Fußes" ist und die Streifzüge 1 bis 9 bewältigt hat, dürfte auch die Kondition für etwa zwei Wegstunden vom Rathaus bis zur Aueralm besitzen, wo Rast und Fernsicht genossen werden können. Eine weitere Dreiviertelstunde läuft man dann, meist eben, zur Neuhüttenalm. Für die Rückkehr in den Ort werden drei Alternativen, sämtlich mit Gefälle, angeboten.

Die Wanderungen erfordern Ausdauer, die Routen über die Waxelmoosalm und jene durch den Stinkergraben darüber hinaus Trittsicherheit. Bergtaugliches Schuhwerk, Bergstöcke und Kleidung für alle Wetterumschwünge sind unerlässlich, die Mitnahme von Proviant wird empfohlen, Fernglas und eine gute topografische Karte sind nützlich. Die Aueralm ist montags geschlossen, am Wochenende kann es turbulent zugehen, da auch viele Mountainbiker diesen beliebten Platz ansteuern; man sollte die Tour deswegen an einem stilleren Wochentag unternehmen.

Ausgangspunkt ist wie bei den Streifzügen 7 und 8 der Prinzenruhweg, beginnend nördlich vom Rathaus an der Zeiselbachbrücke. Man folgt zuerst dieser Straße, dann weiter oben dem Fußpfad neben dem Bach und tritt bald in das schluchtartige Bachtal ein. Eine Stunde lang steigt man nun gemächlich auf dem Forstweg bergan, begleitet vom Zeiselbach und seinem Rauschen, Gurgeln und Plätschern. Rechts, an der Nordseite,

wird dieser Bergbach von den Waldhängen des Semmelbergs (1.102 Meter), dann des steilen Huder (1.382 Meter), auf der gegenüber liegenden Seite von denen des Zwergelbergs (1.113 Meter) eingefasst. Für Weg und Bachlauf bleibt dazwischen oft wenig Platz, umso mehr stürzt das Wasser häufig über Felsstufen, durch felsige Kanäle, bildet kleine Kaskaden: eine Dramatik, ein Naturerlebnis, das wohl jeden fasziniert.

Man gelangt in 944 Metern Höhe an eine Hütte, die **ZEISELBACH-DIENSTHÜTTE** aus dem Jahr 1915, erweitert 1959, auch als Winterstube und Holzerstube benannt. Solche kleinen Bauten im Bergwald, meist von den königlichen bzw. staatlichen Forstbehörden errichtet, dienten in einer Zeit, welche keine Jeeps, Motorsägen, Baumfäll-Maschinen kannte, den Holzknechten, die fernab von ihrem Wohnort im Wald Holz einschlugen, zum Aufenthalt über mehrere Tage und Nächte, besaßen eine oder zwei Stuben, einen Kochplatz mit großem Herd, Schlafplätze, die wie hier über eine Außentreppe zu erreichen sind, und einem Geräteraum. Sicher fanden sich auch Jäger in der Hütte ein, darüber hinaus „Almleute“, denn ein alter Almweg zwischen Wiessee und der Waxlmoosalm verlief durch das Zeiselbachtal.

Nach einer Schranke verlässt der Weg den Bachgraben und steigt steil südwestlich an, dann zeigen sich die ersten Weideflächen der **AUERALM** (1.271 Meter). Der Bergwald bleibt hinter uns, die Ausblicke weiten sich mit jedem Schritt und bald darf man sitzend und rastend diese erste Wegetappe feiern, hat man doch 500 Höhenmeter, die zwischen dem Ausgangspunkt und diesem Berggasthaus liegen, bewältigt (ca. 5 Kilometer,

↑ **Links: Im Zeiselbachtal**
Rechts: Zeiselbach-Diensthütte

ca. 2 Stunden). Der Pächter der Alm, ein Thüringer, der hier seinen Wunschberuf ausübt, ist Wirt und „Almer", damit auch Herr über 30 Rinder. Was er auftischt, wird allseits gelobt.

Die Hütte wurde 1926 neu errichtet, nachdem der Vorgängerbau abgebrannt war. Die beiden Terrassen sind beliebte Rast- und Aussichtsplätze mit Blick nach Süden, zum nahen Hirschberg (1.668 Meter), nach Südosten zum Wallberg (1.722 Meter) sowie zur Bodenschneid (1.668 Meter) und ihren Nachbargipfeln.

Zur Neuhüttenalm geht man westwärts auf dem Almweg bequem in freier Höhe weiter. Nach etwa 300 Metern entdeckt man südlich vom Weg in der Viehweide die ***AUERALMKAPELLE**. Der kleine, offene Bau mit Schindeldach wurde um 1850 von den beiden Auer Bauern errichtet. Nach einer Viehseuche auf der Alm hatten sie gelobt, eine Kapelle zu bauen. Hinter dem Gitter der Bildnische befindet sich ein Kruzifix und eine einfache Madonna aus Stuckmasse. Jährlich am Kirchweihmontag findet eine Bergmesse an der Kapelle statt.

Die Talanwesen dieser Bauern lagen in Au, einem Wiesseer Zwei-Höfe-Weiler westlich der Münchner Straße, der nach Grundverkauf, Parzellierungen und Bauboom als solcher nicht mehr wahrnehmbar ist. Die Höfe in der jetzigen Birkenstraße hatten zu den ältesten und größten Klosterlehen des alten Tegernseer Klostergerichts gehört: Der Nazi-(Ignaz-)Hof, eine bedeutende barockzeitliche Anlage mit Lüftlmalereien, wurde 1990 beseitigt, der benachbarte Jägerhof 2014.

Nachweislich wurde die Auer Alm, vor 1813 Buchetskoglalm genannt, von den beiden Auer Bauern bereits 1540 „bestoßen", das heißt, beweidet. Seit 1840 war der Oberreiter-Bauer von Holz halber Eigentümer der Alm, seit 1912 gehört ihm der gesamte Besitz. Die beiden alten Hütten der Auer Bauern befanden sich in der Nähe der Kapelle, nahe der

Abzweigung zur Pongartenalm und zum 1.564 Meter hohen Fockenstein. Sie wurden um 1900 aufgegeben und stattdessen eine einzige Hütte am jetzigen Standort neu erbaut. Dagegen verblieb die Kapelle im Umgriff der früheren Hütten.

Der Weg zur Neuhüttenalm tritt nun wieder in ein Waldstück ein. Es geht im Schatten von uralten Bäumen, meist Fichten, zunächst aufwärts, danach ohne Anstieg durch hügelige Almweiden.

Vier beieinander liegende Hütten bilden das kleine „Almdorf“ **NEUHÜTTENALM** in 1.328 Metern Höhe (1,5 Kilometer, Dreiviertelstunde ab Aueralm). Die umliegenden Weideflächen, meist am Hang südlich unter dem Fockenstein, umfassen rund 200 Hektar; auch einige Waldweiden gehören dazu. Urkundlich ist die Alm bereits 1427 im Almbuch des Klosters Tegernsee erwähnt. Jahrhundertelang bis zur Säkularisation förderte das Kloster als Grundherr die Almwirtschaft, welche die Existenz vieler Klosterlehen und der darin wirtschaftenden Untertanen sichern konnte und darüber hinaus dem Kloster Einkünfte bescherte. Bereits 979 ist Almwirtschaft im Tegernseer Tal bezeugt. 1427 sind im Klostergericht, das heißt im Wesentlichen in den heutigen „Seegemeinden“, 43 Almen aufgeführt, 1528 sind es bereits 78. Häufig ist einer durch Nachbarschaft verbundenen Gruppe von Talanwesen auch eine gemeinsam „bestoßene“ Alm zugehörig. Allerdings verfügte jedes der Anwesen in der Regel über eine eigene Hütte.

← Links: Stube in der Diensthütte
Rechts: Wirtsterrasse der Aueralm im Hintergrund Roß-/Buchstein und Ochsenkamp

↑ Links: Aueralm mit Bergwanderern
Rechts: Weg von der Auer- zur Neuhüttenalm, vorn die Aueralmkapelle

Oben: Neuhüttenalm von Osten
Mitte: Neuhüttenalm, Hagnbauernhütte
Unten links: Neuhüttenalm, Fischerbauernhütte, dahinter am Hang die Kapelle des Clubs Alpiner Skiläufer
Unten rechts: Kapelle des Clubs Alpiner Skiläufer

Die Hütte, auf die man zuerst stößt, ist die ***HAGNBAUERNHÜTTE**. Sie gehört zum Hagnanwesen am Dorfplatz in Altwiessee und ist ein Holzblockbau der Zeit um 1820/30, wahrscheinlich mit älterem baulichen Kern. Die Blockwände sind außen zum Teil mit Brettern verschalt. Der Ostteil ist der Wohnteil und Arbeitsraum des „Almers" oder der „Almerin", im Westteil liegt der Stall.

Die nordwestlich folgende Hütte mit Giebel nach Süden gehört zum Sperr-, die westlich folgende zum Fischeranwesen (früher zum Löbl), beide in Altwiessee. Die etwas abgerückt südlich unterhalb gelegene Hütte von 1903 gehört zum Scheurerbauern, der im 18. Jahrhundert aus Altwiessee „ausgesiedelt" ist (siehe Streifzug 1, Sanktjohanserstraße 15), aber in seiner alten Almnachbarschaft verblieb. Das kleine Almdorf zählte 1540 die Hütten von sieben, 1738 von sechs Bauern; seit 1819 sind es die vier genannten.

Alle Hütten wurden im 20. Jahrhundert mehr oder weniger „stilsicher" baulich erneuert, die Grundstrukturen blieben aber gewahrt. Die charakteristischen Holzschindeldeckungen der Dächer wurden leider aufgegeben.

Auch die Bewirtschaftung hat sich verändert, denn es werden lediglich Jungrinder auf die Neuhüttenalm getrieben, wie auf viele andere der rund 720 oberbayerischen Almen auch. Milch, Butter, Käse werden hier nicht mehr erwirtschaftet. Auch die viel besungene, beschriebene und in Malereien aller Art dargestellte Almromantik gehört weitgehend einer vergangenen Zeit an.

Westlich der Hüttengruppe, bereits am Fuß des Steilhangs, der zum Fockenstein gehört, ist die ***KAPELLE DES CLUBS ALPINER SKILÄUFER** von 1922 zu entdecken, ein gemauerter kleiner Bau mit steilem Schindeldach und zierlichem Dachreiter, der den im Ersten Weltkrieg gefallenen Clubkameraden gewidmet ist. Nicht zuletzt erinnert die Kapelle auch an die Frühzeit des Skisports, an Skitouren mit langen Anstiegswegen vom Talort, an Zeiten ohne Liftbetrieb. Am letzten Sonntag im Oktober feiern die Clubmitglieder eine Messe bei ihrer Kapelle.

Drei Möglichkeiten der Rückkehr in den Ort: Wer auf gepflegten Wegen, überwiegend mit Gefälle, in etwa 2 ½ Stunden zur Ortsmitte zurückkehren will, läuft zur Aueralm zurück und erfreut sich dabei nochmals der grandiosen Fernsichten, hält sich östlich unterhalb an die gerade in den Wald hinabführende Forststraße und gelangt an die Lichtung vor der Waxelmoosalm (ab Neuhüttenalm 2,5 Kilometer). Hier muss man sich entscheiden: Entweder läuft man sicher, aber zeit- und streckenmäßig länger auf der **FORSTSTRASSE** im Bergwald weiter abwärts ins **SÖLLBACHTAL** (im oberen Teil dieses Abschnitts mit Blick auf die tief unten gelegenen Weideflächen der erst 1820 in den Wald hinein gerodeten Scheibenaualm rechts und der Söllbachaualm links), unten im Bachgrund „mit dem Wasser" in den Ort hinaus und auf der Söllbachtalstraße, dann unterhalb des Kirchenpoint auf der Sanktjohanserstraße zur Ortsmitte zurück (5 Kilometer ab Waxelmoos-Wegabzweigung).

Oder: Man läuft an der Weggabelung beim Gatter geradeaus östlich weiter, an einer Vereinshütte vorbei in das buckelige Almgelände der **WAXELMOOSALM**. Nach einem kleinen Anstieg erreicht man die Almhütte des Altwiesseer Manglbauern (1.185 Meter). Dieser paradiesische Platz bietet einen seltenen Fernblick auf den Ochsenkamp (1.438 Meter) und den Fockenstein (1.564 Meter), die gegenüberliegend im Südwesten aufragen.

Den Almbereich, den sich noch 1858 sieben Bauern mit sieben Hütten teilten, verlässt man nach Nordosten und läuft auf Wegen und nicht immer „moderaten" Pfaden im Jung- und im Hochwald meist abwärts.

↑ Links: Am Weg westlich der Waxelmoosalm
Rechts: Bergblick von der Waxelmoosalm zum Ochsenkamp

→ Oben: Blick von der Waxelmoosalm auf den Ochsenkamp und den Fockenstein
Unten: Blick vom oberen Sonnenbichlhang auf das Gasthaus Sonnenbichl, die Ortsmitte und Altwiessee

Bei der letzten Stütze des Sonnenbichl-Skilifts tritt man dann ins Freie und muss nun den steilen **SONNENBICHLHANG** bewältigen, zunächst auf Trittpflaster an der rechten Seite, nach der Querung des Hanges auf einem Waldweg. Dieser Abstieg „geht in die Waden", man wird aber belohnt mit wundervollen Blicken auf den Ort, den See und die Berge über und hinter dem Ostufer.

Am **BERGGASTHOF SONNENBICHL** endet der Hangabstieg. Etwa hundert Meter unterhalb des Anwesens zweigt von der Straße links ein Weg ab, der direkt zur Ortsmitte führt (4 Kilometer ab Waxelmoos-Abzweigung).

Der dritte, nach Streckenlänge und Gehzeit ausgedehnteste Rückweg zur Ortsmitte führt von der Neuhüttenalm zum Hirschtalsattel und weiter in den Stinkergraben, der in das Söllbachtal einmündet. Auf der Talstraße, einem gesperrten Forst- und Wirtschaftsweg, wandert man dann, immer am Wasserlauf, in den Ort zurück (ca. 8 Kilometer ab Neuhüttenalm).

Der erste Wegabschnitt dieser dritten Variante, von der Neuhüttenalm südwärts durch Almwiesen, später durch ein Waldstück, führt in die Wiesenmulde des **HIRSCHTALSATTELS** (1.227 Meter), wo man der bewaldeten Nordseite des Ochsenkamp (1.594 Meter) gegenübersteht. Hier geht es links auf einem nicht immer leicht zu begehenden Pfad östlich weiter und tiefer in den **STINKERGRABEN**, dessen wenig einladender Name sich auf eine zeitweise wahrnehmbare Schwefelwasserquelle bezieht.

Man gelangt schließlich in das **SÖLLBACHTAL**, hält sich am Hauptweg links und trifft auf die **„KÖNIGLICHE HOLZSTUBE NEUHÜTTE“**, einen am Bach gelegenen Holzblockbau des 19. Jahrhunderts, errichtet als Unterkunft für die Holzknechte, Förster und Jäger.

Ein langer, von der Luckengraben- und der Schwarzentennalm herführender Weg zieht nun nordöstlich hinaus in den Ort. Mit der Beobachtung des Wassers und seiner Kapriolen sowie der immer wieder sich verändernden Strukturen des Bachlaufs lassen sich die Mühen dieses Rückmarschs leichter ertragen. Ab Söllbachtalstraße/Ecke Sanktjohanserstraße steht gegebenenfalls auch der Bus bereit.

← Am Weg von der Neuhüttenalm zum Hirschtalsattel, im Hintergrund die Nordseite des Ochsenkamp

↑ Links: „Holzstube Neuhütte“
Rechts: Im Söllbachtal

PERSONENREGISTER

BILDNACHWEIS

Architekturbüro Eitzenberger, Seefeld: 89 o. r.
Architekturbüro Matteo Thun, Mailand: 96
Bayerisches Landesamt für Denkmalpflege: 12, 40, 108, 132
Roland Bunge: 16, 20, 22, 24, 27, 28, 30, 34, 36 re., 38, 43, 45, 49, 52, 53, 55, 56 o. l., 56, o. r., 56 Mitte, 62, 64, 72, 73, 74, 76, 77, 78, 80, 84, 85, 91 Mitte, 94 o. r., 99, 104, 105, 110, 112, 122, 123, 129, 130, 131, 138, 139, 141, 144, 145, 150, 151, 153, 164, 176 re., 179 o. re., 182 o. l.
Gemeinde Bad Wiessee, Archiv: 13, 18 u., 91 o. l.
Tegernseer Tal Tourismus: 6, 8/9
Alle anderen: Klaus Kratzsch